# 中国文化遗产

徐 潜 主编

吉林文史出版社

**图书在版编目（CIP）数据**

中国文化遗产 / 徐潜主编 . —长春：吉林文史出版社，2013.4（2023.7重印）

ISBN 978-7-5472-1553-1

Ⅰ.①中… Ⅱ.①徐… Ⅲ.①文化遗产–中国–青年读物 ②文化遗产–中国–少年读物 Ⅳ.① K203-49

中国版本图书馆 CIP 数据核字（2013）第 068656 号

# 中国文化遗产

ZHONGGUO WENHUA YICHAN

| | |
|---|---|
| 主　　编 | 徐　潜 |
| 副主编 | 张　克　崔博华 |
| 责任编辑 | 张雅婷 |
| 装帧设计 | 映象视觉 |
| 出版发行 | 吉林文史出版社有限责任公司 |
| 地　　址 | 长春市福祉大路 5788 号 |
| 印　　刷 | 三河市燕春印务有限公司 |
| 版　　次 | 2013 年 4 月第 1 版 |
| 印　　次 | 2023 年 7 月第 4 次印刷 |
| 开　　本 | 720mm×1000mm　1/16 |
| 印　　张 | 13 |
| 字　　数 | 250 千 |
| 书　　号 | ISBN 978-7-5472-1553-1 |
| 定　　价 | 45.00 元 |

# 序　言

　　民族的复兴离不开文化的繁荣,文化的繁荣离不开对既有文化传统的继承和普及。该书就是基于对中国文化传统的继承和普及而策划的。我们想通过这套图书把具有悠久历史和灿烂辉煌的中国文化展示出来,让具有初中以上文化水平的读者能够全面深入地了解中国的历史和文化,为我们今天振兴民族文化,创新当代文明树立自信心和责任感。

　　其实,中国文化与世界其他各民族的文化一样,都是一个庞大而复杂的"综合体",是一种长期积淀的文明结晶。就像手心和手背一样,我们今天想要的和不想要的都交融在一起。我们想通过这套书,把那些文化中的闪光点凸现出来,为今天的社会主义精神文明建设提供有价值的营养。做好对传统文化的扬弃是每一个发展中的民族首先要正视的一个课题,我们希望这套文库能在这方面有所作为。

　　在这套以知识点为话题的图书中,我们力争做到图文并茂,介绍全面,语言通俗,雅俗共赏。让它可读、可赏、可藏、可赠。吉林文史出版社做书的准则是"使人崇高,使人聪明",这也是我们做这套书所遵循的。做得不足之处,也请读者批评指正。

编　者

2014 年 2 月

# 目 录

# 文房四宝

　　文房四宝是中国独具特色的书写工具。"文房"一词最早出现于南北朝时期，本指官府掌管文书之处。后来，此词渐指书房。文房四宝指笔、墨、纸、砚。人类文明自诞生之时起，人们便以各种方式将文明的成果保留下来。笔、墨、纸、砚作为文明的载体起着重要的作用，使我们能够领略祖先的风采与非凡的创造力，同时也使中华民族的灿烂文化得以延续和发展，因而被称为"文房四宝"。

# 一、文房第一宝——笔

## （一）毛笔的历史

文房四宝中，笔居首位，此处的笔指毛笔。在世界历史上，毛笔是中国特有的，举世无双。

毛笔柔软而富有弹性，结构简单。但它的特殊功能使它成为传播汉字文化的重要媒介，并使汉字书法在艺苑中大放异彩，显示出优美动人的魅力。

古埃及的芦管笔和欧洲的羽毛笔早已退出历史舞台，而中国的毛笔至今盛行不衰，已有数千年的历史，并走出国门，走向世界，足见其强大的生命力。

远在新石器时代，我们的祖先就在一些彩陶上用毛笔描绘花纹。在出土的仰韶文化遗址中，许多彩绘陶器上所绘的动物图案及几何纹饰，明显地呈现出用毛笔写画的痕迹。在商代甲骨文里，也出现了毛笔的痕迹。据《甲骨学商史编》记载，从殷墟出土的三块牛胛骨上，有几个用毛笔写的文字。在一些龟甲上，还可以看到一些未刻的文字，这些文字有施朱涂墨的痕迹。这些朱书或墨书的笔画又圆润又爽利，经专家考证，确实是用毛笔书写的。

在商代甲骨文中有相当多的"聿"字，"聿"字是"笔"字的古体，字的形状是一只手握笔的样子。据此可知，远在三千年前，我国就已经有毛笔了。

东周的竹简、木简、缣帛之上已广泛使用毛笔书写。

在湖北省随州市擂鼓墩曾侯乙墓中发现了春秋时期的毛笔。

1954年，我国考古工作者在湖南省长沙市左家公山的一座战国时期的墓中

发掘出一支长约21厘米、直径0.4厘米的毛笔。该笔与现在使用的毛笔极为相似，笔头用优质的兔箭毛制成，毛长2.5厘米。笔杆系竹管，不同的是笔头不是插在竹杆内，而是用劈开的竹

杆端部将笔头夹住，外缠丝线，再涂上漆。这支埋在地下两千多年的毛笔被称为"战国笔"。因为长沙在古代属于楚国，所以又称"楚笔"。

到了秦代，笔的制法大有改进。大将军蒙恬曾将笔杆的一端凿成小窝，把笔头放在窝里粘住。

甘肃武威磨咀子东汉中期古墓中出土的一支笔，笔锋用的是黑紫色的硬毛，外面覆盖着一层较软的黄褐色的毛。这支笔被公认为是经过蒙恬改进后的毛笔。秦笔用兔毫、竹管两种不同硬度的材料制成，刚柔相济，便于书写，是造笔史上的一大进步。由于蒙恬在造笔史上的巨大贡献，被世人尊称为"笔圣"。过去，笔作坊的学徒入坊时一定要先拜蒙恬，就像莘莘学子入学时要先拜孔子一样。关于蒙恬造笔，有很多动人的故事。

其一：公元前223年，秦国大将蒙恬率军在中山与楚国交战，双方打得非常激烈，战争拖了很长时间。为了让秦王及时了解战场上的情况，蒙恬要定期写战况报告上呈秦王。那时，人们通常用竹签蘸墨在帛上写字，书写速度很慢。蒙恬虽然是武将，但他满腹锦绣，极富文采。用竹签写战况报告常使他的文思受到影响，因为竹签硬梆梆的，如果墨水蘸少了，写不了几个字就得停下来再蘸；如果墨水蘸多了，就会不停地往下滴，又会把珍贵的帛弄脏了。蒙恬一直想改进造笔工艺，这次他要写大量的战况报告，这个愿望就更强烈了。

有一天，蒙恬利用战争的间隙到野外去打猎。他是神箭手，百发百中，不一会儿就打了几只野兔。在回营途中，一只兔子的尾巴拖在地上，血水洇出弯弯曲曲的痕迹。蒙恬见了，心中一动："何不用兔尾代替竹签写字呢？"

回到大营，蒙恬剪下一条兔尾巴，将它插在一根细细的竹管里固定住，然后用露出来的尾尖部分写字。不料，兔毛油光光的，不吸墨汁，在帛上写出来的字迹断断续续，难以辨认。蒙恬一连试了几次都不行，好好的一块帛白白地浪费了。一气之下，蒙恬把自制的兔毛笔扔进了门前的石坑里。

几天后，蒙恬见兔毛笔还静静地躺在石坑里。蒙恬望了望它，发现兔毛的毛色变白了。蒙恬十分好奇，立即将兔毛笔拾了起来，跑回大帐往墨汁里一蘸，兔毛一下子就吸足了墨汁。再用它写字，字写得非常流畅，又快又好。原来，石坑里的水含有石灰质，有碱性。经它浸泡，兔毛变得柔软了。由于这支笔是由竹管和兔毛组成的，蒙恬就在"聿"上加了个"竹字头"，成了"筆"字，现在简化为"笔"。

其二：有一年三月初三，秦始皇令大将军蒙恬陪他去看万里长城修得怎么样了。登上长城后，秦始皇见长城修得高大雄伟，不由得心花怒放，一时兴起，要在长城上题几个字，但却没有书写工具。蒙恬灵机一动，从马颈上割了一绺马鬃绑在竹管上，做了一支毛笔。秦始皇用这支毛笔题了几个字，十分满意。后来，人们尊蒙恬为制笔始祖。三月三日这一天也就成了毛笔艺人的节日。

其三：蒙恬是秦始皇的名将，曾受命修筑万里长城。据《史记》所载，秦始皇统一六国后，为抵御匈奴，命蒙恬率大军二十万驻守上郡。

秦始皇的二十多个儿子中，唯有长子扶苏为人贤良，宅心仁厚，文武兼长，颇负众望。秦始皇三十五年（公元前212年），秦始皇焚书坑儒时，扶苏曾直言相谏，认为不能这样做。秦始皇勃然大怒，把扶苏贬到上郡去做蒙恬的监军。

秦始皇三十七年（公元前210年）十月，丞相李斯、秦始皇的小儿子胡亥和中车府令赵高一行随秦始皇出游江南。归途中，秦始皇在平原津一病不起。临死前，秦始皇让赵高写信给长子扶苏，要他速回咸阳参加葬礼。信已写好，尚未发出时，秦始皇就死了。李斯唯恐公子们作乱，于是密不发丧，将秦始皇装在大车上运回咸阳，一路上照旧供奉饮食，只有几个人知道秦始皇已经死了。这时，深得胡亥宠信的赵高开始打坏主意了。当初，秦始皇重用蒙氏兄弟，蒙恬在朝外为将，蒙毅在朝内参政。有一年，赵高犯了罪，依法当斩。秦始皇让

蒙毅审理，蒙毅将赵高判了死刑。秦始皇喜欢赵高，因而赦免了他，恢复了他的官职。打那时起，赵高十分痛恨秉公执法的蒙毅。如今，秦始皇死了，赵高想："如果扶苏即位，必重用蒙氏兄弟，到那时我就倒霉了。"于是，他给胡亥出主意：伪造诏书，以秦始

皇的名义诛杀扶苏，立胡亥为太子。胡亥一听大喜，立即同意。赵高又说："此事不与丞相合谋，恐怕不能成功。"于是，胡亥让赵高找李斯商量。赵高对李斯说："皇上的符玺和写给扶苏的信都在胡亥手里，立谁为太子，全凭你我之口了。你看怎么办好？"李斯说："你怎么说出这种亡国之言？这不是做人臣的应当议论的。"赵高问道："在长子扶苏的心目中，你能比过蒙恬吗？"李斯说："当然比不过蒙恬。"赵高又说："扶苏如果即位，必然让蒙恬做丞相，到那时你肯定不能衣锦还乡了。而胡亥仁慈宽厚，可以即位。请你好好考虑考虑再做决定吧。"李斯听了，认为他说得有道理，便和他定计，诈称接受秦始皇之命，立胡亥为皇帝。他们另写了一封信给扶苏，说他不能开边立功，士兵多有伤亡，还屡次上书诽谤君父，应该赐死。扶苏见信后，立即自杀了。

　　胡亥等人怕蒙恬不服，在边关造反，便设计把他关进狱中，说他不能匡正扶苏，有违秦始皇重托。蒙恬满腹冤屈，无处申诉。一天夜里，他手抚羊裘，受到启发，心中一动，于是用羊毛插在竹管里制成笔，书写心中的悲愤。从此，他彻夜不眠，不停地写着。

　　后来，在胡亥的威逼下，蒙恬不得不服毒自尽，结束了英雄的一生。蒙恬虽然遇害，但他制的毛笔却流传下来。后人把毛笔叫做"蒙笔"，还赋诗追悼他："春草离离墓道浸，千年塞下此冤沉。生前造就笔千支，难写孤臣一片心。"

　　这些故事极有意义，展示了伟大的笔圣的精彩一生：参加了统一中国的战争，推动了历史车轮的前进；率将士修筑万里长城，创造了世界十大奇迹之一。

　　蒙恬功勋卓著，忠贞不贰，却惨死于暴君、奸臣之手，可谓千古奇冤。

　　总之，蒙恬虽然不是毛笔的最初发明者，但他制的笔精于前人，对毛笔的改造贡献不菲。我们现在所用的毛笔就是他发明的。因此，蒙恬被尊为笔圣当之无愧。

　　我国毛笔的发展有两个重要时期：

第一个时期是宣笔时期。宣笔发明于汉代，笔杆较短。由于那时还没有高腿桌椅，写字的人跪在席子上，面前摆的是矮几案，所以要悬肘书写，因而要求笔头呈"锋齐腰强""圆如锥"的形状。

从东晋到唐朝，毛笔都是短锋的，笔毫十分坚挺。现在日本正仓院所藏唐笔，笔毫短，笔头几乎成三角形，和白居易《鸡距笔赋》所描写的形状相似。这种短而硬的笔头对唐代书法有相当大的影响。

魏晋时书法艺术的发展促进了毛笔工艺的不断改进。东晋时，宣州陈氏造的笔深受王羲之等人的推崇。

到了唐代，宣州成为全国制笔中心。此时的宣笔无论在制作技巧、选用材料上都已日臻完善，柳公权、欧阳修、梅尧臣、苏东坡等人都对宣笔有过极高的评价。唐代大诗人白居易在赞美宣笔的诗中写道："每岁宣城进笔时，紫毫之价如金贵。"

宣笔在唐朝被奉为贡品和御用笔。唐太宗李世民在选各地贡品时，第一个就选中了宣笔。天宝二年（公元743年），唐玄宗登楼见南方数十郡进贡的特产排列在楼下，其中就有宣城的毛笔。

到了宋代，有了高桌，人们坐在椅子上写字，对于笔锋硬度的要求与以前不同了，但制笔原料大体与唐代相似。

南宋迁都杭州，全国政治、经济、文化中心转移到长江以南。从元代开始，我国的毛笔又进入了第二个时期——湖笔时期。

湖笔发源于浙江湖州善琏镇，善琏地处杭嘉湖平原，河湖纵横，桑茂竹翠，是个物华天宝、人杰地灵的地方。善琏因而被誉为笔都。湖笔与徽墨、端砚、宣纸一起被称为文房四宝。

元代湖州笔工采用山羊毛制作羊毫笔，或用羊毛与兔毛、狼毛相配制成兼毫笔。制笔以尖、齐、圆、健为四大要素。要求笔头浑圆饱满，弹性适度。这种笔垂下时，自然收拢成锋，用起来挥洒自如。湖笔比宣笔柔软，取代宣笔成了最著名的品种。

明清两代，湖州都是制笔业的中心。

除宣笔和湖笔外，四川的宋笔也很有名。乐山古称嘉州，有一年，北宋大文学家、书法家苏东坡游览嘉州凌云山。当时，山上新建了一座亭子，寺僧拿出当地生产的一支大抓笔请苏东坡题亭名。苏东坡饱蘸浓墨，欣然题写了"清音亭"三个大字。众人见了，无不拍手叫绝。苏东坡说："不是我的字写得好，而是这支笔好。"不久，北宋另一位大书法家黄庭坚也到嘉州游览，同样用大抓笔写下了"方响洞"三个大字。苏、黄二人都是名家，他们题字后，世人竞相效其书艺，并沿用二人所选之笔写字作画。这就推动当地所产毛笔的工艺精益求精，人们都称赞嘉州毛笔，称之为宋笔。

宋笔流传至今，徐悲鸿于1937年曾题下"嘉州产名笔，工艺甲西南"的赞语。

## （二）毛笔的种类

现在，一般毛笔用竹子做笔杆，用动物毛做笔头。但在古代，毛笔的种类是很多的。从笔毫的原料上来分，曾有兔毛、白羊毛、青羊毛、黄羊毛、羊须、马毛、猪毛、鹿毛、麝毛、獾毛、狸毛、貂鼠毛、鼠须、鼠尾、虎毛、狼尾、狐毛、獭毛、猩猩毛、鸡毛、鹅毛、鸭毛、雉毛、胎发、人须、茅草等。

综上所述，制笔用的材料千奇百怪，甚至连人的胡须也可以制笔。据《岭表录异》所载：岭南没有兔子，有位太守将一块带毛的兔皮交给笔匠，要他制笔。不料，笔匠喝醉了酒，将那块兔皮丢失。他怕受到惩罚，只得割下自己的胡须冒充兔毛制笔，没想到制出来的毛笔非常好用。太守大喜，命令他再做一支。笔匠万般无奈，只好讲出实情。于是，太守下令要家家户户的老人都把胡子割下来代替捐税。至于用婴儿的胎发制笔，则更是匪夷所思。

从笔毫的性能上分，有硬毫、软毫、兼毫等。

从笔管的质地来分，有水竹、斑竹、棕竹、鸡毛竹、紫檀木、鸡翅木、檀香木、楠木、花梨木、况香木、雕漆、绿沉漆、螺钿、象牙、犀角、牛角、麟角、玳瑁、玉、水晶、琉璃、金、银、瓷等，其中有的属于珍贵材料。

从笔的用途来分，有山水笔、花卉笔、叶筋笔、人物笔、衣纹笔、彩色笔等。

现在，毛笔以紫毫、狼毫、羊毫及兼毫为主。

紫毫笔是用野兔项背上的毛制成的，因毛呈黑紫色，故称紫毫笔。南北方兔毫的坚劲程度不同，因此也有取南北兔毫合制的。兔毫坚韧，谓之健毫笔。北方兔毫长而锐，宜于书写劲直方正之字，一向为书法家所看重。白居易在《紫毫笔乐府词》里写道："紫毫笔，尖如锥兮利如刀。"这将紫毫笔的特性描写得淋漓尽致。但是，因为只有野兔项背上的毛可以用来制笔，所以售价昂贵。紫毫笔的短处是毫颖不长，无法写牌匾大字。

狼毫笔就字面意思而言，似乎是指用狼毫制成的笔。古代确实曾用狼毫制笔，但现在所说的狼毫是黄鼠狼之毫，而非狼之毫。有人也称鼠须笔为狼毫笔，在我国大书法家王羲之之前就有了。黄鼠狼仅尾尖之毛可供制笔，其性坚韧，仅次于兔毫，也属健毫笔。狼毫笔的缺点与紫毫笔相似，不能写太大的字。

柔毫笔是选取弹性较弱、硬度较小而柔软的动物毛为原料制成的。如用羊毛制的羊毫笔，用鸡毛制的鸡毫笔。其中最常见的是羊毫笔。羊毫笔是用青羊或黄羊的胡须或尾巴上的毛制成的，始于南北朝之前。羊毫笔的特点是毫端柔软，容易摄墨，笔毫便于展开。蒙恬改良的新笔，已经采用羊毫做制笔材料了。

书法最重笔力，而羊毫却柔而无锋，字写出来显得柔弱无骨，历代书法家很少使用。羊毫造笔是南宋以后才盛行的，而被普遍采用却是清初之后的事。

因为清代讲究圆润含蓄，不可露才扬己，只有羊毫能达到这一要求，因而被普遍使用。

羊毫价廉易得，其柔软程度还是有差别的，若与纸墨配合得当，能表现丰腴柔媚之风。羊毫笔毫毛长，能写半尺以上的大字。柔毫笔中最大的叫揸笔，又称抓笔，其次为斗笔、提笔、联笔及屏笔，再其次就是我们一般常用的楷书用笔。

兼毫笔是混合两种以上的兽毫制成的，依其混合比例加以命名，如三紫七羊、五紫五羊等。三紫七羊是用三分兔毛和七分羊毛制成的，五紫五羊是用五分兔毛和五分羊毛制成的。兼毫多取一健一柔相配，以健毫为主，居内，称之为柱；柔毫在外，为副，称之为被。柱毫长，被毫短。被也有多层的，如以兔毫为柱，外加较短的羊毛为被，再披与柱等长的毛。这种笔共有三层，根部粗，尖端细，储墨较多，便于书写。兼毫笔因为混合比例不同，或刚或柔，或刚柔适中，这是它的优点。

在毛笔中，还可以按笔型大小和用途来区分。

按笔型大小区分，可分为大毫笔、中毫笔、小毫笔，也称大楷笔、中楷笔、小楷笔。写小字用笔有小楷狼毫、小楷羊毫、七紫三羊、五紫五羊、小白云等；写中字用笔有中楷狼毫、中楷羊毫、中白云等；写大字用笔有大楷羊毫、紫狼毫大楷、大白云等。

按用途区分，写大草、狂草时用鸡毫；写屏条时用长毫屏笔；题写匾额时用猪鬃做的提笔；写特大号字则用斗笔。

毛笔还可以按毫锋长短区分，分为长锋笔、中锋笔和短锋笔。

**（三）毛笔的制作方法**

中国毛笔的传统制笔方法有诸葛法与韦诞法两种。

诸葛法也称无心散卓笔。据宋叶梦得《避暑录话》所载，此法出于宣州，是宣笔时期制笔工艺的结晶，源于王羲之的《笔经》，也凝结着宣州诸葛一家笔工的心血，如诸葛高、诸葛元、诸葛新、诸葛丰等。欧阳修曾称颂道："宣人诸葛高，世业守不失。"这里所说的"世业"即诸葛家传的制笔方法。

韦诞法是三国魏人韦诞发明的。韦诞，字仲将，有文才，工书，善制笔墨，著有《笔方》一书。其法是用两种不同的兽毫制笔，强者为柱，柔者为被，此法一直沿用至今。

**（四）毛笔的选用方法**

毛笔有"四德"，即尖、齐、圆、健。四德也就是"四美"或"四优"。

第一德是尖，指笔毫聚拢时末端要尖。毛笔只有末端尖时写字才容易出锋棱，便于传神。反之则成秃笔，做书时神彩全无。选购新笔时，笔毫有胶聚合，极易分辨是尖笔还是秃笔。在检查旧笔时，要先将笔毫润湿，使笔毫聚拢，则尖秃立辨了。

第二德是齐，指笔尖润开压平后，毫尖齐时说明笔毫长短相等，中间没有空隙。这样，运笔时才能万毫一齐用力，写出好字来。要想知道毛笔的笔毫是否是齐的，需要把笔毫完全润开。为此，选购毛笔时比较困难，有时无法检查这一点。

第三德是圆，指笔毫要圆满，也就是毫毛要充足。毫毛充足则书写时笔力充足，反之，毛笔枯瘦就会缺乏笔力。只有笔毫圆满时，运笔才能圆转如意。选购时，毫毛有胶聚拢，是否圆满，一望可知。

第四德是健，指笔腰要有弹力，笔有弹力才能运用自如。笔腰有弹力时，如将笔毫重压后提起，会立即恢复原状。一般而言，兔毫、狼毫弹力较羊毫强，写起字来自然坚实挺拔。检查这一点时，要先将笔毫润开，然后将笔尖在桌子上重按下去再提起，如笔锋能立即伸直的，便具有健德。

四德指的是笔本身的上佳功能，但具体问题要区别对待。例如：在选笔时一定要顾及你所临摹的碑帖状态如何。如果碑帖上的字迹风格健劲，你就选用健毫；如果柔媚丰腴，你就选用柔毫；如果刚柔难分，你就选用兼毫。只有选笔正确，才能臻乎书法妙境。

还有一点也务必注意，那就是字体的大小。写大字要用大笔，写小字要用小笔。如果用小笔写大字，极易损伤笔毫，而且还不能运转自如；如果用大笔写小字，则笔划极易粘连或重叠，写不成好字。

## （五）毛笔的保养方法

选中好笔之后，将它保养好是十分重要的。我们在启用新笔之前，必须开笔。这就是将买来的笔用温水泡开，但浸水时间不可太久，笔锋全开即可，免得使笔根胶质化开。否则，

中国文化遗产

毫毛容易脱落，好笔就会变成掉毛笔。开笔时要注意，因紫毫较硬，宜多浸在水中一些时间。开笔之后，这支毛笔就可以使用了。

每次写字之前，还必须润笔。润笔是写字前的必要工作，切不可将笔拿起来就沾墨写字。方法是先用清水将笔毫浸湿，随即提起，不可久浸，以免笔根的胶化开。然后，将笔挂起，直至笔锋恢复韧性为止。这大概需要十几分钟的时间。笔保存之时必须干燥，因此，如果不经润笔直接写字，毫毛会变得脆而易断，弹性不佳，再也写不出好字了。

写字之前还要入墨，也就是沾墨，这里面也有很大学问。为求入墨均匀，并使墨汁能渗进笔毫，必须将笔毫上的清水先吸干，方法是将笔在吸水纸上轻拖，直到吸干为止。这里所谓的干并非完全干燥，只要容易入墨即可。古人说："笔之着墨三分，不得深浸，致毫弱无力也。"这是说，沾墨时要沾三分墨。墨少则过干，不能运转自如；墨多则笔毫腰部涨而无力，失掉弹性。

写完字后要立即洗笔。因为墨汁中有胶质，若不洗去，笔毫干后必与墨、胶黏合，再用时不易化开，还极易损坏笔毫。洗净之后，先将笔毫余水吸干并理顺，方法与入墨之前相同。将笔悬于笔架上，使余水继续滴落，直至干燥。毛笔必须置于阴凉处阴干，切不可曝晒于阳光之下。这样，可以保住笔毫原形及特性。

## 二、文房第二宝——墨

### （一）墨的历史

远在新石器时代（前公元 2500—前 2100 年），我们的祖先就已经开始用墨进行装饰了。和现代不同，那时用的都是天然矿物。有文字可查的墨出自周朝刑夷之手。

刑夷是周宣王（公元前 827—前 782 年）时人。有一天，刑夷在河边看到水中漂来一块松炭，便随手拣了起来，结果弄了一手黑，这引起他极大的兴趣。他把松炭带回家中捣碎，研成细末，再用糯米汁调和，制成中国历史上第一块墨块。

我们从长沙出土的晚周帛画上的墨色和战国竹简上的墨色来看，都证明周代已经出现了墨。

汉朝时，墨的制作工艺有了发展。汉朝宫廷里特别设了专门掌管笔、墨等文房用品的官员。

在人工制墨发明之前，人们利用天然墨或半天然墨来做书写材料。史前的彩陶纹饰、商周的甲骨文、竹木简牍、缣帛书画上面都留下了原始用墨的遗痕。古代的墨刑（黥面）、墨绳（木工所用）、墨龟（占卜所用）均曾用过墨。经过漫长的历程，到了汉代，终于出现了人工墨。这种人工墨的原料取自松烟，最

初是用手捏合而成的。后来，改用模制。墨质坚实，成碎块状，用研石在砚上磨成墨汁使用。

魏晋南北朝时，制墨的人虽不多，但墨的质量却不断提高。魏时，韦诞（字仲将）总结前代经验，制出了被人誉为"仲将之墨，一点如漆"的佳墨。

到了晋代，制墨技术进一步发展，发明了用胶配制成墨的方法，用胶后，才能制成墨锭，与现代的墨已经相差不远，使墨的质量大为改善。

中国文化遗产

唐朝初年，随着政治、经济和文化的发展，墨工人数增多，制作水平也大大地提高了。这时，已开始用桐油等炼烟制墨了。唐朝末年，天下大乱，易州著名墨师奚超、奚廷珪父子避乱于安徽歙州，见黄山上满山都是适于制造好墨的松树，于是又重新开始了制墨生涯。奚氏父子潜心专研，改进了捣松和胶的技术，制出了光泽如漆的佳墨，受到南唐后主李煜的赏识。奚廷珪出任李煜的墨务官，全家被赐予国姓，改姓李氏。从此，"李墨"名满天下，一度形成"黄金易得、李墨难求"的情况。

宋朝时，歙州改称徽州。这时，用油烟制墨技艺大有改进。整个徽州地区几乎家家制墨，"徽墨"之名由此而来。

明朝时，工商业进一步发展，资本主义的生产方式有了一定程度的萌芽。过去秘而不传的用桐油烟与漆烟制墨的方法被广泛使用，墨的生产又向前发展了一大步。久负盛名的徽墨开始出口，远销日本、东南亚等地。

清朝时，出现了曹素功、汪近圣、汪节庵、胡开文"制墨四大家"，并有"天下之墨推歙州，歙州之墨推曹氏"之说。清代的墨无论在数量和质量方面都远远超过了历代水平。

现代制墨仍沿用传统工艺，从制成烟料到最后产出成品，其中经过入胶、和剂、蒸杵等多道工序，并有一个模压成形的过程。墨模的雕刻是一道重要工序，也是一个艺术性的创造过程。墨的造型大致有方、长方、圆、椭圆、不规则形等。墨模一般是由正、背、上、下、左、右六块组成，圆形或偶像形墨模则只需要四块板或两块板。

## （二） 墨的种类

墨的品种繁多，宏观上分为实用墨和观赏墨。实用墨又分为松烟墨等。

松烟墨：用优质松烟作主要烟料制成。具有质细色润，不带油腻，容易着色等特点，适宜于画工笔画。松烟至魏晋之后取代石墨之地位。松烟墨起源甚早，至汉代已有名贵松烟墨。历代制墨名家中，最享盛名的是南唐李廷珪，相传"李墨"质地之坚硬不亚于石墨，其墨能削木，偶尔误坠沟中，数月不坏。现代松烟墨是用松树枝熏出来的烟灰掺以动物骨胶捣制而成。由于骨胶易腐，故配以麝香、冰片、猪胆等药材防腐，并能解胶而增强墨的渗透力。

油烟墨：先用桐油等植物精炼成烟，再伴以牛皮胶、天然麝香和冰片等名贵中药以及金箔等珍贵材料精制而成，具有色泽黑润、馨香浓郁、入纸不晕、舔笔不胶、书画自如、历久不褪色等特点。现代多用猪油、煤油熏出来的烟制成油烟墨。

炭黑墨：选用优质工业炭黑作主要烟料，具有色泽黝黑，容易扩散等特点，适宜于书法和泼墨画。

朱砂墨：呈深朱红色，古代用于圈句和批文之用，历代一些著名画家喜欢用它画梅花。

五彩墨：用优质矿物颜料精制而成，属高档国画颜料，不易褪色。

药墨：由特选松烟和八宝五胆等中药精制而成，能止血、消炎、治疗喉患口疮等热症。

贡墨：封疆大吏为了求宠，不惜工本命令墨工精制的，用于进呈，供皇帝书写之用。也有由朝廷下令按旧制征供的。

御墨：封建时代皇帝写字用的墨。唐朝以后，专门设置墨务官，负责制造御墨。清朝内务府御书处也设置库掌、匠役专门制墨。

观赏墨：也称珍玩墨，其形状大多小巧玲珑，大不盈寸。不用于书画，只用于赏玩。墨虽用料不多，但均为上品之料。墨模雕刻也极为精细，具有高度的艺术性。观赏墨价钱不菲，要高于一般的墨。

礼品墨：一为寿礼墨，分装匣内，专为祝寿之用，大多涂金施彩，辉煌夺目；二为婚礼墨，象征多子多女，是婚嫁礼品。礼品墨多重外表形式，其烟料则稍逊于实用墨。

现代又出现了多种书画用墨汁，如中华墨汁、一得阁、曹素功等，可以代墨使用。

#### （三）墨的选用方法

墨的质量有优劣之分，好的墨要求质细、胶

轻、质坚、色黑、声清、味香。

　　质细指质地细密，墨锭内无沙子杂质，烟质细腻，粗细适中，无白灰夹杂其间，入胶均匀，完全融合。

　　胶轻指骨胶不能太多。胶如果太重，稍一研墨即已很稠，书写时笔画却不黑，还会滞笔。好墨胶轻，磨不多时颜色已黑，而且书写流畅。

　　质坚指墨之质地坚硬，浸水不易溶化。如李延珪所制"李墨"就是如此。如果在制墨时所用的胶与烟比例适当，捣的次数也足以使之充分融合到不可分离的程度，质地自然坚硬。

　　色黑指墨色要黑，若泛紫光则更佳。墨黑是因为其中的烟，过多就会黑而无光；亮是因为其中的胶，过多则亮而不黑。制墨之难在于烟与胶的调配，即所谓"对胶法"。如果做到两者各半，自然会乌黑而有光泽。

　　声清指磨墨时听不到声音，说明墨无杂质。声清还指敲击墨锭时发出的声音很清脆，说明胶轻。

　　味香指墨要微有香味。墨用有臭味的烟和容易腐烂的动物胶为主要原料，所以需要加点香料，如龙麝等，一来可以散发清香，二来可以防腐。但是含量也要适中，太多了会降低烟与胶的成份，太少又不能达到功效。

　　具备以上优点的好墨由于胶质不多，所以较脆，容易跌断，因此要注意保管。

### （四）墨的使用方法

　　研墨要用清水，如果水中有杂质，磨出来的墨就不纯。加水时开始不宜过多，以免将墨浸软，或墨汁四溅，以逐渐加入为宜。如果写大字时，因需要的墨量多，可分几次研磨，将磨好的墨汁倒入别的容器中，再在砚台里加些清水继续研磨。

　　磨墨时注意将墨锭捏正抓平，重按慢磨，不能图快，要按顺时针方向沿着圆砚边画圆圈。研磨范围要大些，不要在砚池的中心小范围地研磨。磨墨时手臂要悬起，与桌面平行，手执墨锭与执笔的姿势相同，要用腕和臂的运动来磨墨。如果将手臂搁在桌上，只用手腕和手指的转动来磨墨，墨锭会被磨出一个斜角。磨墨时用力过轻过重，太急太缓，墨汁都会粗而不匀。用力过轻，速度太缓，既浪费时间，墨也磨不到火候；用力过重，速度过急，墨则会粗而生沫，无色无光。正确的方法应该是轻重有节。

磨墨是练习写字基本功的一种很好的手段，用正确的方法磨墨等于练习画圆。久而久之，拿起笔来就能画出一个很圆而且粗细一致的圆圈来。这对写楷书，特别是写草书非常有利。墨若偏斜，既不雅观，磨出的墨也不会均匀。

墨要磨浓，但浓度要适中。太浓了，稠如泥浆，胶住了笔，难以写字；太稀了，墨水渗透太快，笔迹会在纸上洇出一大圈水渍，使笔画模糊不清。怎样才算适中呢？从研墨的痕迹中可以看得出来：如果墨锭磨过后，墨汁很快把研磨的痕迹淹没了，这说明墨汁还不够浓，可以继续研磨。磨墨很费时，可以边磨墨边看书或读帖，不要浪费时间。如果磨墨锭磨过的地方留下清楚的研磨痕迹，同时，墨汁慢慢地将磨痕淹没，说明浓度适中。如果磨墨过后的痕迹静止不动，说明太浓了，可以适当稀释。另一种检验浓度的方法是用笔尖蘸少许墨在宣纸或元书纸上点一下，看墨点渗出的情况，如果墨浓如漆、墨点略有渗出，证明已经磨好，可以写字了。

用墨必须新磨，要随磨随用。墨汁如果放置一日以上，胶与烟渐渐脱离，墨迹既缺乏光彩，又不能持久。因此用宿墨作书，是极容易褪色的。

墨磨好后要注意两点：一，墨锭不要留在砚池里，防止墨锭粘在砚面上取不下来；二，要把墨锭上的水分揩掉，免得浸水的部分酥松而掉下墨粒来。墨也不可曝晒在阳光之下，以免干燥，最好放在匣内，既可防湿，又避免阳光直射。

市面上出售的现成墨汁，有的胶重滞笔，有的浓度太低，落纸极易化开，防腐剂又多，易损笔锋。

墨汁有两种，一种是书画墨汁，一种是普通墨汁。其性能和用途略有不同。

书画墨汁有一得阁、中华墨汁、

曹素功等品牌，浓淡适中，又不滞笔，利于挥洒，为书画家所乐用。使用这些墨汁的书画作品墨迹不会洇出，可以装裱。不过，墨汁都属宿墨。宿墨指隔夜磨的墨，墨胶凝滞，流动性不如新磨的墨好。为了弥补这一缺陷，可再兑一点清水，然后用墨锭稍加研磨。用书画墨汁虽然方便，但含有防腐剂石炭酸，对宣纸有腐蚀作用。用墨汁创作的书画作品时间一长，墨迹处的纸容易风化。

普通墨汁价格比书画墨汁便宜得多，书写流畅，缺点是不能装裱，一遇水就会洇出墨汁来。但对初学毛笔字的人来说，却是物美价廉的。为了防止将笔中的水分带到墨汁瓶中造成墨汁变质，使用墨汁写字时，要将墨汁倒在砚池里用，用多少倒多少，未用完的不可再倒入瓶中。有时用过的墨汁会发臭，是由于将笔伸进瓶中使用或在瓶中兑水造成的。水中有微生物，特别是夏天，很容易损坏墨汁。

# 三、文房第三宝——纸

## （一）纸的历史

纸是我国古代四大发明之一，它与指南针、火药、印刷术一起为世界作出了巨大的贡献。纸为我国古代文化的繁荣提供了物质基础，极大地促进了文化的传播与发展。

在上古时代，我们的祖先是靠结绳记事的，遇事打个结，事毕解去。以后渐渐发明了文字，人们开始用甲骨来作书写材料，因而出现了"甲骨文"。青铜出现后，人们又在青铜器上铸刻铭义，即"金文"或"钟鼎文"。后来，人们将字写在竹片上和木片上，称"竹简"和"木简"。较宽较厚的竹片和木片叫"牍"。有人也将字写在丝织品——帛上。先秦以前，除以上记事材料外，还有刻于石头上的文字，如著名的"石鼓文"。由于帛太贵，竹子和木头太重，导致了纸的发明。我国西汉时期已经开始制纸了。

1957年，陕西省博物馆在西安东郊灞桥附近的一座西汉古墓中，发现了一批灞桥纸，其制作年代不晚于汉武帝时代。之后，又在新疆罗布淖尔和甘肃居延等地发掘出汉代纸的残片。这些纸的生产年代比东汉蔡伦所造的纸要早一百五十年至二百年。这些实物把我国造纸年代大大地推前了。

我国纸的发明虽然很早，但一开始并没有得到广泛的应用，官府文书仍使用牍和帛书写。蔡伦造纸后，才改变了这种局面。

蔡伦生于东汉明帝永平四年（公元61年），死于东汉安帝建光元年（公元

121年）。他是桂阳人，桂阳即今湖南耒阳。桂阳地处湘江支流耒水流域，是鱼米之乡。出身于普通农民家庭的蔡伦从小随父亲种田，聪明伶俐，很讨人喜欢。东汉章帝即位后，常命人到各地挑选幼童入宫。汉明帝永平十八年（公元75年），蔡伦被选入洛阳宫内担任太监。蔡伦办事认真，于东汉章帝建初元

年（公元 7 年）升任小黄门。后来，又受到汉和帝的信任，被提升为中常侍，还兼任管理生产宫廷用品的官员——尚方令，监督工匠为皇室制造宝剑和其他各种器械。

蔡伦见人们写字很不方便，用竹简和木简写字太笨重，用帛写字又太贵。于是，他想改进造纸的方法。蔡伦刻苦钻研，总结了前人的造纸经验，带领工匠们用树皮、麻头、破布和破鱼网等原料来造纸。他先将树皮等原料捣碎后加入草木灰用火蒸煮，再将蒸煮过的原料放在向阳的山坡上日晒雨淋，不断翻动，让树皮自然变白。然后，将这些原料碾碎、浸泡、发酵，加入树糊调和成浆。最后，用抄纸器将捣好的纸浆抄成纸张。抄纸是制纸术语，也是制纸的一道工序：将纸浆加水稀释后，让它缓慢地流经沉砂槽，将砂粒、杂质沉析出去，再经过平板筛浆机筛去较粗的纤维。净化处理后的纸浆料流向抄纸机，经过成型、脱水、烘干等工序形成纸。将这些纸置于阳光下晒干，便成为成品纸。东汉和帝元兴元年（公元 105 年），蔡伦将造纸成功的捷报上奏朝廷，受到汉和帝的褒奖，他的造纸术也得到了推广。蔡伦继续受到重用，被封为龙亭侯，封地在今陕西洋县。由他监制的纸被称为"蔡侯纸"。

蔡伦改进造纸方法是人类文化史上的一件大事。从此，纸才有可能大量生产，为以后书籍的印刷创造了物质条件。蔡伦使用的造纸技术沿用至今，只不过在近代已经实现机械化。

在西方，纸未引进以前的大多数书籍是用经过特殊加工的羊皮和小牛皮制成的。牛皮和羊皮造价昂贵，不可能大量出书。公元 751 年，有些中国造纸工人在战争中被阿拉伯人俘虏，造纸技术渐渐传遍了整个阿拉伯世界。12 世纪，欧洲人从阿拉伯人那里学会了造纸技术，纸的使用渐渐广泛起来。蔡伦造纸比欧洲人造纸要早一千多年。

蔡伦去世后，人们不断把他的造纸方法加以改进。蔡伦死后大约八十年，又出了一位造纸能手，名叫左伯。左伯对以前的造纸方法作了改进，进一步提高了纸的质量。他造出来的纸厚薄均匀、质地细密、色泽鲜明，人称"左伯纸"。其中尤以五色花笺纸、高级书信纸为最佳。

唐代以前，人们主要用蔡伦的造纸术造纸。

魏晋南北朝时期，纸广为流传，普遍为人们所使用。这一时期，造纸技术进一步提高，造纸区域也由晋以前集中在河南洛阳一带而逐渐扩散到南方，产量与日俱增。造纸原料也更加多样化，纸的品种也多起来，如竹帘纸、藤纸、鱼卵纸、棉纸等。

为了延长纸的寿命，晋代发明了染纸新技术，从黄檗中熬取汁液，浸染纸张，有的先写后染，有的先染后写。这种纸叫染黄纸，因呈天然黄色，所以又叫黄麻纸，有灭虫防蛀的功能。

隋唐时期，著名的宣纸诞生了。传说蔡伦的徒弟孔丹流落到皖南，以造纸为业。他怀念师傅，一直想制造一种理想的白纸，好用来为师傅画像修谱，但多次试验均未成功。有一天，他在山里偶然看到有些檀树倒在山涧边，因年深日久，被水浸得腐烂发白了。他灵机一动，立即用这种树皮造纸，终于获得了成功。他所造的这种纸即后来的"宣纸"。

到了唐代，宣纸十分盛行。唐代写经用的硬黄纸，五代和北宋时的澄心堂纸都属于宣纸。唐代在染黄纸的基础上，又在纸上均匀涂蜡，经过研光，使纸光艳莹润，人称硬黄纸。从此，宣纸一直是书写、绘画的珍品。明清以后，中国书画几乎全用宣纸了。

雕版印刷术发明后，大大刺激了造纸业的发展。造纸区域进一步扩大，名纸相继而出，有益州的黄白麻纸、杭州等地的藤纸、均州的大模纸、蒲州的薄白纸、宣州的宣纸、韶州的竹笺、临州的滑薄纸。

唐代各地多以瑞香皮、栈香皮、楮皮、桑皮、藤皮、木芙蓉皮、青檀皮等韧皮纤维做造纸原料。这些原料造的纸柔韧而薄，纤维交错均匀。

还有一种硬白纸，其制法是把蜡涂在原纸的正反两面，再用卵石或弧形的石块碾压摩擦，使纸光亮、润滑、密实、纤维均匀细致，比硬黄纸稍厚，人称硬白纸。

此外，还出现了粉蜡纸、金花纸、银花纸、金银花纸、砑花纸、鱼子笺、薛涛笺、谢公十色笺、印花纸、松花纸、杂色流沙纸、彩霞金粉龙纹纸等。

五代时期，制纸业仍继续向前发

展，歙州制造的澄心堂纸被公认为是最好的纸，滑如春水、细如蚕茧、韧胜蜀笺，长达五十尺为一幅，自首至尾匀薄如一。

宋代继承了唐和五代时期的造纸传统，出现了很多质地不同的纸张，轻软、薄韧。上等纸全产于江南，也称江东纸。

南宋时期，出现了纸的再利用。人们以废纸为原料再造新纸，人称还魂纸，省料省时，大大提高了纸的生产效率。

元朝时，北方造纸业凋零，而江南还勉强保持着昔日的景象。

明、清以来，造纸原料及生产技术都有了很大的突破，出现了许多精品纸，可供人们观赏和珍藏。

明朝造纸业兴旺发达，主要名纸有宣纸、竹纸、宣德纸、松江谭笺。明代生产的宣德贡笺技艺精湛，有许多品种，如五色粉笺、金花五色笺、五色大帘纸、磁青纸等。明代还仿制了唐代薛涛笺和宋代金粟笺。这种仿制纸加云母粉，纸面露出光亮耀眼的颗粒。这是明代人的创新，苏州一带生产的洒金笺名重一时。

清代宣纸制造工艺进一步改进，成为家喻户晓的名纸。各地造纸大都就地取材，使用各种原料，制造的纸张名目繁多。在纸的加工技术方面，如施胶、加矾、染色、涂蜡、砑光、洒金、印花等工艺都有进一步的发展和创新。各种笺纸再次盛行起来，达到精美绝伦的程度。

明清时期，我国造纸业在各方面都达到了极高的水平，安徽的宣纸，江苏的粉蜡笺，福建、浙江、陕西的竹纸均为当时著名品种，还流传到国外，为人类文化的发展和交流作出了巨大贡献。

我国从晋代开始，朝廷从邻国接受贡纸。越南进贡的侧理纸，也称苔纸，是以海苔为原料，加上味甘、大温、无毒的侧理制成的。朝鲜进贡的高丽纸、鸡林纸为历代统治者所喜爱。到了清代，则有朝鲜的丽金笺、金龄笺、镜花笺、竹青纸；越南的苔笺；日本的雪纸、奉书纸；西方的金边纸、云母纸、漏花纸、各色笺纸、回回各色花纸等。

### (二) 纸的种类

我国纸文化源远流长，历代名纸众多。我国早期的纸，如絮纸、灞桥纸、

文房四宝

居延纸、罗布淖尔纸、旱滩坡纸、蔡侯纸等等，有的见于著录，有的是现代考古的实物发现。由于历史久远和当时生产的数量有限，没有传到近世。这里介绍一些唐宋以后的名纸：

1. 宣纸：因产于宣州而得名。唐以前开始制造，以檀木树皮为原料。宋元以后，又用楮、桑、竹、麻等十多种原料制作。

宣纸质地绵韧、纹理美观、洁白细密、搓折无损，利于书写和绘画。墨韵层次清晰，有渗透、润墨和吸附等性能，落墨着色能呈现明显的书画虚实相间的风格。用宣纸写字骨神兼备，用宣纸作画墨韵生动。宣纸耐老化、防虫蛀、耐热耐光，适合长期保存，有"千年美纸""纸中之王"的美称。

宣纸根据加工不同可分为生宣、熟宣和半生不熟宣。

生宣纸又叫生纸，生产后直接使用，吸水性、润墨性强，用于泼墨画、写意画，笔触层次清晰，干湿浓淡变幻多端。

生宣纸经过矾水浸制的叫熟宣或矾宣，作书绘画不易走墨洇染，宜于画工笔画和写隶书、楷书，但时间一长会脱矾脆裂。唐朝写经的硬黄纸和五代北宋的澄心堂纸都是熟宣纸。

半生不熟宣即半熟宣，是用生宣浸以各种植物汁液制成，具有微弱的抗水力，用以写字或作画时，墨色洇散较缓，适于书写小幅屏条、册页或带字的绘画。

宣纸按所用皮料比重的不同分为棉料、净皮、特种净皮三大类；按尺寸有二尺、三尺、四尺、五尺、六尺、七尺、八尺、丈二、丈六、尺四、尺六、尺八等规格；按厚度分有单宣、夹宣、二层、三层、四层等数种。

最薄的宣纸是特制的，主要用于拓片、拷贝、印刷古籍、装帧印谱。

宣纸品名有棉连、扎花、罗纹、龟背纹、蝉翼等。

2. 薛涛笺：唐末五代名纸。是加工染色纸，因由薛涛创制而得名。薛涛是唐朝长安人，幼年随父亲宦居四川。父亲去世后，她沦落风尘，成为乐妓。她善于作诗填词，因嫌当时纸幅太大，所以亲自指导工人改制小幅纸。

因用薛涛宅旁浣花溪水制成，所以又称浣花笺。相传薛涛曾把植物花瓣撒在纸面上加工制成彩笺。这种纸色彩斑斓、精致玲珑，又称松花笺，历代多有仿制。

3. 水纹纸：唐代名纸，又称花帘纸。这种纸迎光看时能显示线纹或图案，犹如现在通用的证券纸、货币纸的水印纹，增添了纸的潜在美。

4. 澄心堂纸：南唐徽州地区所产的宣纸。其纸薄如卵膜，坚洁如玉、细薄光润，有的五十尺为一幅，从头到尾匀薄如一。南唐后主李煜特别喜爱这种纸，特意用自己读书和批阅奏章的处所——澄心堂贮藏之，供宫中长期使用，因而称澄心堂纸，后世视为瑰宝。

5. 谢公笺：一种经过加工的染色纸。是宋初谢景初（公元 1019—1084 年）创制的，因而得名。谢景初受薛涛造笺的启发，在益州设计制造出十样蛮笺——有十种色彩的书信专用纸。这种纸色彩艳丽新颖、雅致有趣，有深红、粉红、杏红、明黄、深青、浅青、深绿、浅绿、铜绿、浅云十种颜色，与薛涛笺齐名。

6. 高丽纸：又名韩纸，是高丽贡纸。高丽纸以棉、茧造成，色白如绫、坚韧如帛，用以书写，人见人爱。

7. 金粟笺纸：宋代名纸。宋太祖赵匡胤提倡佛教，全国印经之风盛行。为适应这种需要，当时歙州专门生产一种具有浓淡斑纹的经纸，即硬黄纸，又名蜡黄经纸，或称金粟笺纸。金粟寺在浙江海盐金粟山下，因寺内抄经用纸极多，故纸以金粟笺命名。其纸质地硬密光亮、半透明、防蛀抗水。此纸颜色美丽，寿命很长，虽历千年犹如新制。

8. 白鹿纸：古代名纸。《至正直记》里说："世传白鹿纸乃龙虎山写篆之纸也。有碧、黄、白三品。白者莹泽光净可爱，且坚韧胜江西纸。赵松雪用以写字作画，阔幅而长者称白篆，后以白篆不雅，更名白鹿。"据此可知，赵孟頫曾用白鹿纸写字作画，因白篆纸名称不雅，更名白鹿纸。

9. 玉版纸：古代名纸。其纸莹润如玉，是洁白的精良笺纸。元代费著撰《蜀笺谱》里说："今天下皆以木肤为纸，而蜀中乃尽用蔡伦法，笺纸有玉版，

文房四宝

有贡余，有经屑，有表光。"《绍兴府志》："玉版纸莹润如玉。"晚清、民国印金石、书画册等多用此纸。

下面介绍几种明清时期的书画和习字用纸：

1. 毛边纸：一种竹纸。明末江西出产竹纸，纸质细腻，托墨吸水性能好，适宜于写字，又可用于印刷古籍。因明代毛晋嗜书如命，好用竹纸印刷书籍，曾到江西大量订购竹纸，并在纸边上盖上篆书毛字印章，于是人们称这种纸为毛边纸，并沿用至今。现在我国南方产竹的地方均有生产，以嫩竹做原料，用石灰沤烂发酵，捣碎成浆，再添加适当的黄色染料，不施胶，手工制造。毛边纸质地细而柔软，韧性好，略带蛋黄色，吸水性强，用于书写印刷，容易吸干墨水，字迹经久不变。

2. 元书纸：古称赤亭纸。是采用当年嫩毛竹做原料，靠手工制造而成的毛笔书写用纸。主要产于浙江省富阳县一带，历史悠久。北宋真宗时期（公元998—1022年）已被选作御用文书纸。因皇帝元日祭祖时用以书写祭文，故改称元书纸。

元书纸洁白柔韧，微含竹子清香，落水易溶，着墨不渗，久藏不蛀，不变色。古代用于书画、公文、簿册等。新中国建立后，主要用作学生大小楷练习簿，可裱装画轴等。此外，还可做上等包装纸。有时也用作农村糊窗纸，或者加工成卫生纸。

3. 连史纸：又叫连四纸或连泗纸，较厚者又称海月纸。原产于福建省邵武、闽北地区以及江西省铅山县一带。采用嫩竹做原料，碱法蒸煮，漂白制浆，手工制成。纸质薄而均匀，洁白如羊脂玉，写字作画均宜，多用来制作高级手工印刷品，如碑帖、信笺、扇面等。用连史纸印刷的书籍清晰明目，久看眼不疲倦。可与宣纸相提并论，历来为国内外书画家所钟爱。元代以后，我国许多鸿

篇巨著、名贵典籍多采用连史纸，如明代的《十七史》、商务印书馆出版的《四库全书珍本初集》等都是用此纸印制的。

相传此纸是福建邵武连姓兄弟二人经过多年研制而成的，因他们排行老三、老四而得名。明、清两代大臣，如能得到皇上御赐的铅山正品连史纸，被认为是最风

光的大事。文人墨客也将连史纸作为友好交往的赠品。直至 20 世纪 80 年代，铅山连史纸仍然是北京荣宝斋、上海朵云轩等单位指定的专用纸，并出口日本、韩国、东南亚等地。国务院批准，文化部确定的第一批国家级

非物质文化遗产名录时，铅山连史纸制作技术荣登其上。连史纸的广泛使用，对于继承和传播中华文明发挥了极大的作用。

### （三）纸的选择方法

选择纸张的时候质地是最重要的，纸的质地要柔韧细密。质地不佳时容易损笔，又不易保存。古今名纸都以质地见称，如澄心堂纸细密如玺，玉版宣柔韧耐久。纸质坚韧紧密是最好的，选择时凭目测可知。

纸的色彩要洁白。纸如果不白，说明原料不好或水质欠佳，都不是好纸。洁白的玉版宣用檀木做原料；蜀笺以浣花溪水造纸，因而纸好。若是染色的，也要精纯，才是佳纸。洁白与否一望可知。

纸的表面要滑涩适中。纸的表面有光滑和粗涩之分。光滑虽易行笔，但过滑则笔会轻拂而过，写出来的字便会显得无笔力；若粗涩则与之相反，难于施笔，易损笔锋。

纸的吸墨性要适度。纸要能入墨，否则墨浮于纸表，易于脱落，不能久存。宣纸吸墨性较强，笺纸则相反。如果吸墨性太强，运笔稍慢时点画便会变成墨团。但若吸墨性太弱，墨不易入纸，也是写不出好字的。选纸时要考虑到书体及个人运笔速度，以墨汁能入纸但不成团为佳。选购时可征得商家允许，用墨去试，一试便知。

临字时要根据碑帖选纸。临摹碑帖时，若要求形似神肖，不仅要注意笔的选择，纸的选择也要注意。选纸前要先辨明吸墨性，根据所临真迹的入纸程度而定，如果入纸多则选用强吸墨纸，反之则选用较弱者。若无法判断入墨实况，如石板所印者，可以根据其书风辨明。凡锋芒显露、神采奕奕者，宜选用笺纸；凡温润含蓄、锋芒内敛者，可选用宣纸。

要根据个性选纸。个人的喜好也要考虑，否则买回不爱用的纸，会丢弃在角落里。运笔急者宜选强吸墨纸，其墨才能入纸；行笔迟缓者可选弱吸墨纸，不然墨团会屡屡出现。

### （四）纸的使用方法

书写时必需将纸平放，才易于书写。若纸皱而不平，便不易于书写。但在写古篆、古隶时，可以故意将纸揉皱，以求古意斑驳之效。纸上如有污秽之处，会影响观瞻，影响运笔与墨色。灰尘更会影响运笔，若与墨汁相混，墨既不能坚实固定，还会缺乏光彩。写字最重法度，尤重间架与章法，布置章法有纵行横列之分，间架有九宫、田字、米字诸式。

九宫格是我国书法史上临帖时用的一种界格，又叫"九方格"，即在纸上画出若干大方框，再于每个方框内分出九个小方格，以便对照法帖范字的笔画部位进行练字。

九宫格相传为唐代书法家欧阳询所创制。为方便习字者练字，欧阳询根据汉字字形的特点，创制了"九宫格"的界格形式，中间一小格称"中宫"，上面三格称"上三宫"，下面三格称"下三宫"，左右两格分别称"左宫"和"右宫"，可以帮助人们在练字时对照碑帖的字形和点画找到下笔的适当位置，或用于字体的缩小与放大。

分格要随书体而定，法度最严的楷书和篆、隶，纵横均需整齐，行列都要划分。行、草唯有直行，不宜加横列，以免束手束脚。分格时明线宜细，以免妨碍观赏；暗线用笔宜轻，不必涂抹，以免损毁纸张。不可折纸为格，折纸易起褶皱，妨碍运笔。

书写时纸要固定，若纸随笔动，字便不能写好。方法是可以用左手按纸，也可以用镇尺压在适当的位置上使纸固定。饱蘸浓墨写字时，顿挫重按处力透纸背，墨会渗到纸外，不但会沾污桌面，也会破坏纸面。因此，要用吸水纸或布垫在纸下，可将渗出的墨吸干净，保持纸面整洁。

写好字后，墨汁未干时不要收纸，以免写好的字

中国文化遗产

前功尽弃。也不要用卫生纸吸干，这样会使墨脱落，会使墨色受损。收拾时，不要任意折叠，以免损坏纸。纸受潮后容易腐烂，过度干燥又会破裂，若想使写好的作品长久保存，一定要保存在干燥阴凉的地方。同时，也要注意避免虫蛀。

### （五）纸的保护

纸要防潮和防霉。中国书画用纸吸水性强，水墨韵味好，但一旦受潮就会出现水渍和霉点。尤其是霉点，经过洗裱都不能去掉痕迹，极影响书画的质量。同时，纸受潮后还会粘连，几张纸粘在一起揭不下来，损失严重。为了防止纸的受潮和霉变，要将纸叠好，在外面用包皮纸包裹妥贴，然后放在干燥、凉爽、透气的地方。

纸要严禁折叠。熟纸和粉笺、蜡笺因经过加工，性质起了变化，又脆又容易断裂。尤其是粉笺和蜡笺，一旦折叠便产生一条白色的裂痕，再也无法弥补。因此对于这些纸在保存和携带时，只能卷成桶状或平放，千万不可折叠。

纸要防晒。太阳光中有紫外线和红外线，长期照射在纸上会使纸发脆变黄，纸的质量和寿命都会发生变化。因此纸的防晒与防潮、防霉一样重要。

纸要防蠹。有一种昆虫叫蠹，又叫蠹鱼，喜欢啃食纸张中的浆糊和胶质物，时间长了书籍就会被蛀空。为了对付蠹鱼，可以用黄檗溶液染纸。黄檗是中药，能清热、去湿、泻火、解毒，还能杀虫。东晋王羲之、王献之等著名书法家常用黄纸写字，敦煌石窟保存的历时千余年的经卷纸经久不坏，不被虫蛀，就是因为用黄檗溶液染过。也可以用椒水浸纸，晒干后再用。椒水可以杀虫，使纸不被蠹虫蛀食。椒即花椒，也就是蜀椒，性热味辛，可供药用，能止痛，能杀虫。还可以放置具有强烈气味的物质驱赶蠹鱼，如放些麝香、木瓜或芸草包。万年红纸也称橘红纸，纸上的橘红色涂料含有铅的氧化物，它的主要成分是四氧化三铅，有毒，能使蠹鱼中毒而死。将橘红色涂料刷在纸上，阴干后也能防蠹。另外，用报纸包裹的纸和书籍也可防蛀，因为油墨有一定的防蛀作用。

文房四宝

27

# 四、文房第四宝——砚

## (一) 砚的历史

砚的历史非常悠久。考古学家曾在陕西省临潼县姜寨一处原始公社的遗址中发现了一套原始人用于陶器彩绘的工具，其中有一方石砚。这方石砚有盖子，砚面微凹，凹处有一根石质磨杵，砚旁有几块黑色颜料。这是我们祖先借助磨杵研磨颜料的最早的砚。直到两汉时期，由于发明了人工制墨，墨可以直接在砚上研磨，就不再借助磨杵来研磨天然或半天然的墨了。

刚开始时，我们的祖先以笔直接蘸石墨写字，后来因为不方便，无法写大字，便想到可以先在硬物上将石墨研磨成汁。硬物如石、玉、砖、陶、铜、铁等均可制砚。古时以石砚最为普遍，经过几千年的考验，直到现在仍以石砚为最佳。

从唐代起，广东端溪的端砚、安徽歙县的歙砚、甘肃南部的洮河砚和河南洛阳的澄泥砚登上文化舞台，被称为中国"四大名砚"，其中尤以端砚和歙砚为最佳。

我国还有许多地方生产石砚，如山东的紫金石砚和龟石砚、临沂的薛南山石砚和徐公石砚、曲阜的尼山石砚、大汶口一带的燕子石砚、即墨的田横石砚和温石砚、蓬莱的砣矶石砚、河南济源的天坛砚、安徽宿县的乐石砚、江西修水的赭砚、浙江江山的西砚、湖南湘西的水冲砚、吉林松花江下游的松花石砚、四川合川的嘉岭峡石砚、甘肃嘉峪关的嘉峪石砚、宁夏和青海的贺兰石砚等等。

端砚产于广东肇庆东郊的端溪，其材料取于广东肇庆高要县东南端溪之斧

柯山，自唐朝初年开始生产，至今已有一千三百多年的历史了。不过，当年的端砚纯粹是文人墨客书写的实用工具，砚石面上没有任何图案或花纹装饰，显得粗陋简朴，

中国文化遗产

所谓"天下无贵贱通用之"。后来，端砚渐渐受到文人学士的青睐，加上纹理绮丽，发墨性能绝佳，地位越来越高，以致上升到我国名石砚之首位。

歙砚产于江西婺源龙尾山，婺源古属歙州，故名。其石坚润，滑不拒墨。自唐以来，一直保持其名砚地位。歙砚是中国四大名砚之一，在砚史上与端砚齐名，已有一千多年的历史。歙砚雕刻经过历代雕砚名家的辛勤耕耘已经取得了很大发展，尤其是近几十年来涌现出许多名家高手，并形成了多种流派。设计和雕刻技法继承了传统工艺之精华，又弃其俗气和匠气，使歙砚更具收藏价值。在对外交往中，歙砚曾多次被选作国礼，赠送给国际友人。

洮河砚产于甘肃南部藏族自治州临潭县，临潭县古称洮州，故名洮河砚。洮河砚由洮石雕制而成。洮石学名辉绿岩，属水成岩的一种。其质坚而细，莹润如玉，扣之无声，呵之出水珠。用以制砚，贮水不耗，历寒不冰，涩不留笔，滑不拒墨，具有发墨快、研墨细、不损毫、挥洒自如、浓淡相宜、得心应手等特点。洮河砚色泽雅丽，主要以绿色为主。洮河砚贮墨不变质，十多天不干涸。因其保温利笔，在北方尤为贵重。洮河砚宋时已经稀少，1949 年以后又恢复了生产。

澄泥砚最早产于山西绛州，是用沙泥烧炼制成的砚，易发墨，且不耗笔，可与石砚媲美。唐时，虢州（今河南灵宝县南）已成为澄泥砚的著名产地。现代，澄泥砚的产地遍于河南洛阳、河北巨鹿、山东青州、山东泗水、山西新绛、湖北鄂州、四川通州和江苏宝山等地。

绛州澄泥砚始创于唐代（公元 618—907 年），历史悠久，当时曾被列为贡砚。清代（公元 1644—1911 年）时其制作工艺已经失传。随着澄泥砚制作方法的失传，绛州澄泥砚的生产出现了近三百年的断档。直至 20 世纪 80 年代末，我国版画艺术家蔺永茂和他的儿子蔺涛历经千辛万苦，终于使澄泥砚又恢复了生产。

除石砚以外，我国还生产过一些用其他材料制作的砚。汉代有瓦砚、陶砚、玉砚、铁砚和漆砚；晋代有木砚、瓷砚和铜砚；唐代有泥砚；宋代有水晶砚、石泥砚、砖砚和天然砚；明代有化石砚；清代有纸砚，而现代又出现了橡皮砚。

### （二）砚的种类

澄泥砚：澄泥砚与端砚、歙砚、洮河砚并称为我国四大名砚。澄泥砚属陶类，它的前身是古代的陶砚。陶砚经精工制作，逐步升华为澄泥砚。澄泥砚的形成约在晋唐之间，略早于端砚和歙砚。开始时，澄泥砚曾获"砚中第一"的美誉。澄泥砚细腻坚实，形色俱丽，发墨而不损毫，滋润胜水，可与石质佳砚比肩。澄泥之最上者为鳝鱼黄，其次是绿砂，又次为玫瑰紫。澄泥砚之所以呈现不同的颜色，是因为烧制时温度不同所致。

关于澄泥砚的制作方法，《文房四谱》上说得极清楚：首先挖取河床下的沙泥，淘洗后用绢袋盛起来，于袋口处用绳系紧，再抛入河中，令其继续受水冲洗。两三年后，绢袋中的泥沙越来越细，然后入窑烧成砚砖，再雕凿成砚。

端砚：端砚为砚之上品，广东高要城斧柯山下距江滨三四里处，逐渐升高分下岩、中岩、上岩、龙岩、蚌坑等采石场。下岩在山底，终年浸水。因砚石以润为贵，所以下岩之砚质量最佳。因浸在水中，开采不易。

端砚有"石眼"，如鹦哥眼、鸲哥眼等，有以眼来定品质优劣的，最上为活眼；其次是泪眼、死眼等，名贵而罕见。石眼是天然生在砚石上像眼睛一样的石核。端砚的石眼质地高洁、细润、晶莹有光，故长石眼的端砚十分珍贵，售价极高。石眼对砚能起装饰、美化、观赏的作用，因此历来被文人墨客视为珍宝，并以此作为鉴别端石品质高低的标准。

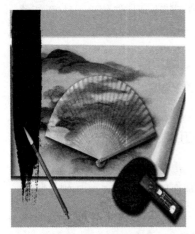

端砚的颜色也被视为和品质有关，有紫、青、白等颜色，而以白色为最佳，紫色为最下。

端砚的优点一是下墨；二是发墨；三是不损毫。

歙砚：唐开元（公元 713—741 年）年间，歙州猎人叶氏追逐野兽，见有石头晶莹可爱，便带了几块回家，磨制成砚。数世之后，他的后人将砚赠给知州。知州十分喜爱这块石砚，找人再去开采，于是传扬开来，歙砚从此便产生了。南唐元宗时，歙州太守向他进献歙砚，元宗大喜，立即提拔了他。南唐元宗即李后主的父亲，名李璟，多才多艺，工诗词，性喜翰墨。歙砚因南唐元宗的赏识而名扬天下，名声甚至超过了端砚。歙砚的正式开采始于南唐。因也浸在水中，质地极其润泽。歙砚有石纹，如端砚之有石眼，质地细腻，温润如玉，利于研磨，足以和端溪下岩之石砚媲美。

洮河砚：洮河石砚长年被水浸蚀，因而石质细腻，肤理缜密，发墨而不损毫，磨面不光，呵气即湿。洮河石砚因其质地细润晶莹，色泽碧绿，石面呈现微黑色的水波状花纹，如波翻浪滚，云卷连绵，千姿百态，清丽动人，成为我国四大名砚之一。

洮石因色绿如翡翠，称"临洮大河绿漪石"，也称"鸭头绿"。除绿漪石外，还有玫瑰红色的"鳆面"、深绿色的"鹦鹉绿"、墨绿色的"玄璞"和淡绿色的"柳叶青"等。南宋书画鉴赏家赵希鹄在《洞天清录》里说："除端、歙二石之外，唯洮河绿石北方最贵重。绿如蓝，润如玉，发墨不减端溪，然石在临洮大河深水之底，非人力所致，得之为无价之宝。"可见洮河砚在当时的珍贵。

## （三）砚的选择方法

选砚就以石砚为主。能制砚的材料很多，如铜、玉、砖、瓦、陶、石等，但切合实用的当推石砚，其他各种砚都不太合用。

选砚要选润泽有光的。砚石最贵润泽，端、歙俱以此著称，若不润泽则墨中水分易被吸收，导致浓度太高，滞笔难运，无法写出好字。端石和歙石因长年浸于溪中，所以润泽有光。

选砚要选纹肌理细腻的。砚石纹理细腻，则表面平滑，易于磨墨，磨出来的墨匀细。这种砚不但发墨，而且还不会损坏笔锋，端砚和歙砚都具备这些优点。反之，磨墨时会发出声音，墨也磨不匀，还会损坏笔锋。

选砚时要扣击一下，凡声高者说明砚石过坚，品质较劣；凡低而有韵者，说明砚石温润，无刚硬之性，能发墨久而不乏。

（四）砚的使用方法

砚的使用要领在于磨墨。磨墨时要注意保护砚池和砚堂，新置的墨锭有胶性和棱角，不可直接拿来就磨，会损伤砚面。在使用新墨时，应在砚池施水，轻轻地旋转墨锭，待墨经浸泡稍软后再逐渐加力研磨。

砚池是贮墨汁的凹下部份，又名砚海、砚泓、砚沼、或墨窝。砚堂是磨墨的部份，又名砚冈、墨道。

佳砚不可用劣墨，如松烟墨杂质较多，质地不纯，用时容易划伤砚面。用油烟墨研磨完毕后，应将墨锭放到别的地方，不能放在砚面上，否则墨干后粘在砚面上，拔墨时容易造成砚面损伤。新墨胶重，用时尤其应该注意。

砚用久了会不发墨，这叫"失锋"。原因有两条：一是砚面磨掉了锋芒，变钝而不发墨；二是使用含胶过重的墨，又不洗涤，使砚面胶结而失去锋芒。遇到这种情况时，应该重新"发砚锋"。具体方法有二：一是先将瓦片用松炭磨一遍，然后用磨光的瓦片轻擦砚堂，也就是磨墨部分；二是用姜汤浸泡砚堂，或用莲子壳擦拭砚堂，也可以用零号砂纸或细软砂石在清水中擦拭砚堂。这些就是"发砚锋"。注意的是只能磨洗砚堂，而决不可磨洗砚的其他部位，否则会磨损砚的皮壳包浆，甚至损伤雕刻的细部。

所谓"发墨"，指磨墨时不打滑，磨罢停一会儿，墨汁就会发光，如油似漆，明亮照人。这并非墨的作用，是砚令它这样的。如果砚面光滑，也就是"失锋"了，便无法有效地切割墨体了。

（五）砚的养护

砚像人一样，需要滋润，也需要饮水。平日不用时，每日都要在砚池中换置清水，这叫"养砚"。具体方法是：砚池应每日换清水，不可令其干燥。但砚堂，也就是磨墨处不能有水，以防久浸后不能发墨。

使用砚台时，不要偷懒，不能直接用养砚

的水磨墨，也不能用茶水、糖水磨墨。这些水和墨相混后会使墨色大减，也不能发墨。热水能伤润损墨，也不可使用。

古人说："宁可三日不洗面，不可一日不洗砚。"砚台用过后，必须将余墨涤净，不可使之凝结在砚台上。否则，残墨干燥后会形成渣块，既妨碍研磨，又损伤笔毫，还会损坏砚面。这些渣块若与新墨相混，就不能下墨或发墨了。洗砚台的时候可以用丝瓜瓤等物帮忙，但不可以用坚硬之物用力擦拭，以免伤害砚面。洗砚要十分的小心，盛水的器具宜用木盆。若在水泥盆或瓷盆里洗，容易碰伤砚台。洗砚应用清水，也可用中药半夏擦去砚面滞墨，或者用丝瓜瓤、莲子壳慢慢洗涤。采用这些洗涤方法既能涤去墨垢，又不伤砚。洗砚的水要干净，不可含酸碱性。水温要适宜，不能用热水、滚水、茶叶水洗砚。砚台要阴干，不要用纸类擦拭，以免残屑留在砚台上，既伤砚，又会与墨相混。

### （六）砚的收藏

一要避光。砚应避阳光直射，否则砚质会出现干燥的迹象，日晒过久砚匣也容易干裂。二要远离硬物。玩赏佳砚时，桌上要铺毛毡或细软之物，不可使砚台接触金属及玻璃等器物；更不可将砚台重叠放置，以免碰伤。三忌涂蜡。不少制砚人将蜡涂遍砚身，有的还涂植物油，更有涂墨的，认为这样做可以养砚，给人一种滋润古朴的感觉。这些做法十分不妥，涂蜡后的砚台水墨不融，会不发墨。砚上抹植物油的做法也是不妥的，因为植物油属于慢干性油脂，多招尘土，使砚污秽不堪，会散发出一种怪味，还能产生霉变，在砚的表面出现一块块的霉斑。

### （七）砚的配匣

砚的配匣能对砚起保护作用，和砚成为一个不可分割的整体。砚匣的材质必须硬度适宜，耐潮湿，才能起到对砚的长期保护作用。砚匣材料种类繁多，主要分为木匣、金属匣、石匣、纸匣、锦匣等。

木匣：木制砚匣的用材有紫檀、红木、花梨木、金丝楠木、豆瓣楠木等。制作方法分整块木头剜制而成和多块木头拼镶而成两种。整料剜出的用料浪费，木料还容易翘裂变形；拼镶的做工精巧细腻，但容易脱胶散架。异形砚如瓜形砚和蝉形砚等，其配匣以整料剜制的为多，而四方、长方形的砚匣普遍采用拼镶方法。

金属匣：以金属制匣，如东汉的铜兽形砚匣，明和清初也偶有以铅锡合金制成的砚匣，其目的是保持砚匣内的水气，以此养砚，同时还可留住墨的香味。但金属硬度高，以金属为匣必然伤砚，而且用砚研墨一定用水，水容易使金属氧化生锈。

石匣：石匣分为两种形式，一是匣和砚合为一体，只是多了一只石制的砚盖。此类砚匣石质外露，极易碰伤和受到气候干湿的影响；二是匣和砚石质不同，砚套于石匣之中，但石匣吸水性较强，其细腻的程度与漆木不能相比，也不是制砚匣的良材。

纸匣、锦匣：只能起到装潢的作用，往往做成匣外的套匣。

制作砚匣最理想的材料当为漆和木材。用优质的木材制成砚匣，其内壁涂上漆，可以防止匣内水气涨裂砚匣。

## 五、文房四宝的搭配

文房四宝各具特色，我们要根据它们的特性，进一步将其合理搭配，发挥其功能的极限。

古人常用健毫笔书写在笺纸上，而写在柔性的宣纸上也是可以的，因此健毫笔可以任意配纸。弱吸墨纸可以用健毫笔书写，也可以用柔毫笔书写，因此弱吸墨纸也可以任意配笔。但是，柔毫笔与强吸墨纸较为特殊，它们的搭配必须合理。

强吸墨纸适合配健毫笔。强吸墨纸以宣纸为代表，吸墨性强，而羊毫笔毛较软，笔一触到纸，墨汁便迅速化开，若行笔缓慢，笔画就全成墨团了。如果行笔略急，墨汁不容易渗透，字便会虚浮无力。因此，要用健毫笔配合强吸墨纸。

柔毫笔适合配弱吸墨滑纸。柔毫笔较软，不易发挥雄挺刚毅的特色，历代书法家多使用健毫笔，很少有用柔毫笔的。其实，柔毫笔虽弱，只要选纸得当，也可以写出柔媚含蓄的字来。柔毫笔应与弱吸墨纸相配，如笺纸虽比宣纸脆硬，而且平滑，吸墨性弱，如果将柔毫笔放慢也可以运转自如。用羊毫在光滑的纸或绢上也可以得心应手，写出漂亮的字来。

健毫笔宜配浓墨。用健毫笔搭配浓墨，最能表现出苍拔雄劲的风格。清代宰相刘墉就以健毫笔配浓墨著称，有"浓墨宰相"之美誉。

淡墨宜配柔笔。乾隆时大书法家王文治喜用淡墨柔毫，以表现潇疏秀逸之神韵，时称"淡墨探花""淡墨翰林"。

## 六、文房四宝的辅助用具

常言道："一个好汉三个帮。"笔、墨、纸、砚虽为文房四宝，但也需要助手。如果文房四宝离开它们的助手，就难以称其为宝了。文房四宝的助手有哪些呢？它们是笔筒、笔架、笔洗、墨床、镇纸、臂搁、水丞、砚滴等。

笔筒：由陶瓷、木质、竹子、玉石、普通石、树根、象牙等制成的插笔器具，笔不用时放在笔筒里。笔筒或圆或方，也有呈植物形或其他形状的。除实用外，现在笔筒已经成为世人喜好收藏的工艺美术品。笔筒上面多以书画装饰，为文房必备器具之一，并广泛地在书房的书案上作为陈设品。

笔架：又称笔格、笔搁。笔架分两种：一种大多做成有底座的四框，供挂笔用，也有做成各式各样的。另一种笔架往往做成山峰形，凹处可以置笔。笔架的质地多为玉石、陶瓷、象牙等。笔架有圆形、方形、长方形、山峰形、龙形等。笔架是文房常用器具之一，也有人物和动物形的，也有用天然老树的根或枝做成的。

笔洗：是洗毛笔的一种器具，笔用完后用以洗掉余墨。笔洗多为钵盂形，也有做成花叶形或塔形的。古代多用贝壳、玉石制作，宋代已有典雅的瓷笔洗问世，明代有用铜制作的小盂做笔洗的。历代多用玉、陶制作，较为丰富多彩。上饰各种花纹图案，朴素、文雅、庄重。

墨床：研墨中稍事休息时，供临时放湿墨之物，是文房用具之一。多用木、玉、瓷制作，形状有床式的，也有几案式的。

镇纸：又称书镇、镇尺、压尺，作压纸或压书之用，以保持纸、书平整。开始时为扁长立方体，后来常做成各种动物形状。

臂搁：又称秘阁、搁臂、腕枕，是用竹子、象牙等材料制成的临书枕臂的器具。写字时将它垫于臂下，可以防止墨汁污手，也可避免弄脏纸上的字迹。臂搁呈拱形，以竹制品为多。我国古代的书写格式是自右向左，写下一行时，前一行的字迹往往未干，为了防止手臂沾墨，文人们发明了这种工具。一般用去节后的竹筒，将其分劈成三块而成。

水丞：贮砚水的小盂，又称水中丞，是置于书案上的贮水器，用于贮磨墨的水，多属扁圆形。有嘴的叫水注，无嘴的叫水丞。制作古朴雅致，为文房重要器具。

砚滴：又称水滴、书滴，贮存砚水供磨墨之用。人们在使用中发现用水丞或水注往砚里倒水时，往往水会过量，于是出现了便于掌控水量的器物，这就是砚滴。

# 秦砖汉瓦

秦代的砖素有"铅砖"的美喻。其纹饰主要有米格纹、太阳纹、平行线纹、小方格纹等图案以及游猎和宴客等画面纹；也有用于台阶或壁面的龙纹、凤纹和几何形纹的空心砖，有的秦砖上还刻有文字。到汉代时，画像砖和瓦当的制作更为普遍，内容也愈加丰富，如阙门建筑、各种人物、车马、狩猎、乐舞、宴饮、杂技、驯兽、神话故事以及反映生产活动的画面等等。

# 一、多姿多彩的秦砖汉瓦

　　秦始皇统一中国后，结束了诸侯割据的局面，各地区广泛交流，使中华民族的经济、文化得以迅速发展。到了汉代，社会安定，生产力有了长足的发展，手工业的进步更是突飞猛进。

　　在这种大好形势下，秦汉的建筑业也兴盛起来。秦汉时期制陶业的生产规模、烧造技术、生产数量和产品质量都大大超过了以往的任何时代。秦汉时期建筑用陶在制陶业中占有重要的地位，出现了富有特色的砖和瓦当，素有"秦砖汉瓦"之称。

　　砖属于建筑用陶器，在中国古代建筑中被广泛应用，是房屋、城墙、道路、陵墓的主要建筑用材。秦砖最早发现于陕西扶风云塘的灰坑中，用于贴筑土墙表面，有保护和装饰作用。砖的普遍使用是在春秋战国时期，其形状有方形、长方形、曲尺形等，用于铺地和砌墙。战国时秦国还有空心砖，上压印花鸟纹，多用于贵族墓室中。

　　随着制陶业的发展，秦砖的生产规模日益扩大，烧造技术日益进步，砖的质量日益提高，品种也增多了。

　　秦砖主要有铺地砖和空心砖两种。如按形状区分，则有子母砖、五棱砖、曲尺形砖、楔形砖等。

　　铺地砖砖面饰有太阳纹、米格纹、小方格纹、平行线纹等；空心砖多模印有几何纹饰，或用阴线刻画龙纹、凤纹。

　　与此同时，也出现了铭文砖、画像砖。铭文多为戳印的玺印式，画像内容尚很简单。

　　在咸阳、临潼、凤翔等地发现了大量的秦代铺地青砖和画像砖。秦砖主要用于城墙、拱桥、塔等建筑，并得到了广泛的应用和发展，如举世闻名的万里长城，就是两千多年前用秦砖建造的世界上最伟大的工程之一。

　　1984 年 8 月，秦皇岛市考古人员在金山嘴南部高地的海神庙、南天门一带进行考古调查时，发现有秦代的建筑遗迹和遗物，出土了菱形纹空心砖、巨型高浮雕夔纹瓦当以及云纹瓦当，还发现了大量的板瓦、筒瓦等建筑构件。

河北省文物研究所、秦皇岛市文物管理处、北戴河区文物保管所共同组成考古队，于1987年至1991年在横山进行了大面积的考古发掘工作，取得了很好的成果。基址中间有用素面砖和小菱格纹砖铺砌的方形池子，池深47厘米。池中有陶井一口，井口直径110厘米，深140厘米，用4层井圈构筑而成，井底以方砖铺平。在遗址的发掘过程中，出土了云纹圆瓦当和成堆的空心砖和筒瓦碎片。

除此之外，北戴河剑秋路、石油疗养院西侧等地段，也发现过特点相同的古代建筑遗迹。

石碑地遗址中心建筑物的台基厚度为2.1米，以长条形地面砖或空心砖镶边。建筑台基南面有东西两个台阶，东部和西部各有一侧阶。每个台阶通宽为3.3米，并排铺设两排空心砖。

在1号大夯土台北侧，还发现了设计科学的沐浴间。这种由地面砖砌成漏斗状，有着良好排水系统的设施，是秦代建筑考古中的首次发现，在遗址的等级研究上意义是重大的。

秦代的陶塑十分发达，具有很高的艺术价值。秦代砖瓦也久负盛名。秦砖质地坚硬，素有"铅砖"的美称。

空心砖是盛行于战国秦汉时期的巨形建筑材料，被用作宫殿、官署或陵园建筑。空心砖上大都饰有图案，多是几何图案、动物图案以及历史或神话故事。

西汉前期，真正的砖出现了，它们是小型砖，区别于体积庞大的空心砖。这是汉代在建筑方面的一大发明。其特点是小型、实心、长方形或正方形，长度从20多厘米到30多厘米不等，用于各种建筑中。

小型砖的装饰图案以几何纹为主。

西汉时期，大型建筑普遍用砖铺地。同时，空心砖墓也广为流行。汉武帝以后，砖文内容不断丰富，表现形式也摆脱了玺印式的模式，形成了自己独特的艺术风格。

秦砖汉瓦

汉代画像砖有空心和实心两种。西汉时期，空心砖的制作又有了新的发展，砖面上的纹饰图案题材广泛，内容丰富，构图精练，形象生动，线条刚健。画像内容十分丰富，包括人物、乐舞、车马、狩猎、驯兽、击刺、禽兽、神话故事等。这些富有艺术价值的陶质工艺品，为我们研究汉代的社会面貌及绘画艺术提供了形象的实物资料。

东汉初期，画像空心砖的应用从中原地区扩展到四川一带。中原地区空心画像砖在东汉后期被小砖所替代，而四川则延续到蜀汉时期。这一时期的画像砖内容更为丰富，有反映各种生产活动场景的，如播种、收割、舂米、酿造、盐井、探矿、桑园等；有描写社会风俗的，如市集、宴乐、游戏、舞蹈、杂技、贵族家庭生活等，还有神话故事等等。这些画像砖是当时社会生活、生产活动的真实写照，在历史研究、科学研究及艺术上都很有价值。

据文献记载，瓦出现在母系社会进入父系社会的时候。瓦作为中国古代建筑材料，是中国建筑史上划时代的产物。瓦的实物最早见于西周早期遗址。瓦当一般为泥质灰陶，陶土一般要求土色纯黄、粘性较好、沙石较少的黄壤土烧制而成。

中国古代的瓦分为板瓦和筒瓦两种。在房屋的顶部铺瓦时，先将板瓦依次仰置于屋顶，然后再以筒瓦覆扣于板瓦与板瓦纵向相接的缝上。在接近屋檐最下面的一个筒瓦头部有一个下垂的半圆或圆形部分，即瓦当。瓦当的主要功能是蔽护屋檐、防止风雨浸蚀，延长建筑物的寿命，同时又起着美化和装饰屋檐的作用。

瓦当的实物最早见于西周中晚期陕西扶风召陈遗址。瓦当的出现反映了我国古代建筑技术的发达，它是中国古代众多发明之一。

2003年夏秋之际，陕西省凤翔县豆腐村村民在建房取土时，挖出了许多烧制变形和破损的秦国筒瓦。考古专家经过钻探和试掘，在当地发现一个陶质建材作坊。这里出土的两千多件文物大部分是战国早中期的遗物，有方砖、筒瓦、瓦当、贴面墙砖、陶鸽、陶俑等。

在出土文物中，最具特色的是一批动物纹瓦

当，有鹿蛇纹、凤鸟纹、獾纹、鹿纹、虎鹿兽纹等。其中有些图案和内容是首次发现，大大丰富了我们已知的战国时期秦瓦当的内容。

秦代瓦当以莲纹、葵纹、云纹为多，秦宫遗址出土的巨型瓦当饰以动物变形图案，与铜器、玉器图案风格相近。

汉代瓦当以动物装饰最为优秀，除了造型完美的青龙、白虎、朱雀、玄武四神兽以外，兔、鹿、牛、马也纷纷走上了瓦当。

汉代瓦当出土数量最多，形式最丰富，质量最高，是我国古代瓦当艺术中独一无二的珍品。

汉代瓦当纹饰更为精美，画面仪态生动，除常见的云纹瓦当外，又出现了大量的文字瓦当，如"千秋万岁""汉并天下""万寿无疆""长乐未央"等。这些文字瓦当，字体有小篆、鸟虫篆、隶书等，布局疏密有致，章法优美，质朴醇厚，表现出中国文字的独特风格。

秦汉建筑的装饰如此华美，其主体建筑可想而知。如阿房宫等建筑无不金碧辉煌，雕梁画栋，有如天上宫阙。

人们常用秦砖汉瓦来形容秦汉两代在建筑材料方面的成就，既指炉火纯青的砖瓦制造技术，也指独特的造型艺术。

秦砖汉瓦是在制陶工艺高度发达的基础上产生的。在规模宏伟的大型建筑物上，配以造型精巧的秦砖汉瓦，构成了极富中华民族特色的建筑模式。

近几十年来，全国各地出土了大量的秦砖汉瓦，是研究秦汉时期建筑业、手工业、书法、雕塑等方面的重要资料。

## 二、秦砖汉瓦的先声

水有源，树有根，秦砖汉瓦的辉煌不是从天而降的，而是在商周制砖造瓦的基础上发展起来的。

中国建筑史上陶器的烧造和使用是从商代开始的。

1973 年对位于河北省藁城县台西村的商代中晚期文化遗址进行发掘时，发现房址 14 座，分半地穴式和地面建筑两种。其中最大的房址有 6 间，以木柱为房架，墙壁以夯土和土坯砌筑。这种土坯就是砖的萌芽。

后来，我们祖先受到了制陶的启发，将土坯入窑烧制成砖，使其硬度大为提高了。

西周初期，我们祖先又造出了板瓦、筒瓦等建筑陶器。

砖是在西周时期开始用在建筑上的。

1976 年以来，周原考古队在周原发现了先周时期的空心砖、条砖和板瓦。大量的空心砖、条砖、板瓦显示出周公庙遗址曾有过类似宫殿的高大建筑。先周砖瓦的发现将我国使用砖瓦的历史提前了 800 年。

春秋战国时期，群雄并起，政治、经济、文化飞速发展，各国都大兴土木，营建宫室殿宇，这就大大促进了建筑的繁荣，砖和瓦当艺术也随着建筑的发展而大放异彩了。

秦砖有方形砖、长方形砖、空心砖、画像砖、曲尺形砖、楔形砖、子母砖等。方砖主要作铺地用；空心砖形体较大，用于宫殿、官署、陵园的建筑；画像砖主要用来砌墓室；楔形砖、子母砖一端有榫，一端有卯，用于墓室的拱券部位。

方砖的饰纹有太阳纹、米格纹、小方格纹、平行线纹等，有的还有文字；长方形砖有细绳纹，有的在一端或侧面印有铭文。

周原遗址属全国重点文物保护单位，其中心在今陕西扶风、岐山一带，是周

文化的发祥地和灭商之前周人的聚居地。这一地区
北倚岐山，南临渭水，形如高阜，海拔 900 米。东
到武功，西到凤翔、宝鸡一带。东西长达 70 公里，
南北宽约 20 公里。周原地处关中平原西部，土地
肥沃，气候温和，四季分明，自古以来就是人类繁
衍生息的理想之地。三千多年前，定居于豳（今陕
西长武、彬县一带）的姬姓部落因经常受到戎狄的

侵扰，在其首领古公亶父的率领下，举族迁徙到岐山之下的周原，建立了岐邑。
古公亶父、王季、文王三代在周原励精图治，终使国力日强，成为殷商时期西
方强大的诸侯国。

周原是周人重要的发祥地和祭祀天地、祖宗、神祇的圣地，一些重大国事
活动都在此举行。周人在周原的活动留下了极为丰富的文化遗存。

2004 年，周公庙考古队到距周公庙遗址约 20 公里的凤翔县糜杆桥镇水沟
村进行考古调查，发现了 8 块残缺的先周和西周时期的空心砖和条形砖。

2006 年，周公庙考古队在对一组大型建筑基址进行局部发掘时，出土了一
块长达 1 米的板砖，宽 30 厘米，厚 5 厘米，砖体呈灰褐色，上面有密密麻麻
的绳纹。这块巨砖的发现说明周公庙地区有大型宫殿遗址。这块最大的砖被称
为"西周第一板砖"。

1960 年 7 月，陕西省文管会在岐山、扶风一带考查时，于扶风县陈家、白
家两地西周遗址内发现了不少板瓦和筒瓦。

在陕西扶风召陈村的西周晚期大型建筑基址，曾发现很多不同形式的板瓦
和筒瓦，还有纹饰与铜器重环纹相似的半瓦当。

战国时期的半瓦当可分素面和带有花纹、文字者两大类，各地所出花纹瓦
当各具特色：燕国多为饕餮纹；齐以树形纹为主，还有带文字的；周也以饕餮
纹为多，但已简化，仅突出饕餮的双目，以后渐转为卷云纹；秦砖有山形纹、
树纹和云纹，和关东六国的瓦当颇为相像。

"燕国饕餮纹半"瓦当，出土于河北易县燕下都遗址。燕下都是燕昭王时
期修建的，是燕国通往齐、赵等国的咽喉，也是燕国南部重镇。燕下都自 1930
年调查发掘以来，发现许多大大小小的宫殿建筑遗存，其中有印有华美纹饰的
瓦当，瓦当的花纹多达 30 余种。这些瓦当为研究燕国城市建设的规模、布局和

建筑艺术提供了第一手资料。

"燕国饕餮纹半"瓦当的纹样借用了商周青铜器上的图形。饕餮是一种传说中的动物，瓦当上出现的这种怪兽只有头部形象。

饕餮纹是常见的花纹之一，盛行于商代至西周早期。饕餮是一种想象中的神兽，是古人融合了自然界各种猛兽的特征，同时加以自己的想象绘成的。饕餮纹虽然是拼合组成的，但并不是随意拼凑的。古人在现实生活中的各类动物身上发现了应有的特质，于是在塑造饕餮形象时便取羊或牛角代表尊贵，取牛耳代表善辨，取蛇身代表神秘，取鹰爪代表勇武，取鸟羽代表善飞。饕餮纹有的有躯干和兽足；有的仅有兽面，兽面巨大而夸张，装饰性很强，称兽面纹。古人认为饕餮能通天地，能通生死，公正威猛，勇敢多智，能驱鬼避邪。

民间传说饕餮是东海龙王的第五个儿子，没有身体，只有一个大头和一个大嘴，十分贪吃，见到什么吃什么，由于吃得太多，最后被撑死。于是，饕餮成了贪欲的象征。

齐国临淄是当时规模大、人口多、经济繁荣的都市之一，遗留至今的瓦当十分丰富，艺术风格独树一帜。齐国瓦当采用经过筛选的黄土做坯，经高温烧制，质地细密坚硬，色泽均匀，表里一致，呈灰色或蓝灰色。齐国瓦当的形制分半圆形和圆形两种，半圆形瓦当出现于春秋时期，流行于春秋战国至西汉早期。圆瓦当出现于战国中期，较半瓦当稍晚一些，曾与半瓦当一同流行，东汉时期则完全取代了半瓦当。

瓦当的艺术价值在于它的纹样。齐瓦当分素面瓦当、花纹瓦当和文字瓦当三种，纹样题材不但丰富，而且独具特色。齐瓦当纹样题材所反映的内容既有现实生活，也有神话传说，抽象与具体并存，在大量使用现实主义创作手法的

同时也喜欢融进一些浪漫主义的色彩，表现了人们对大自然的热爱之情。

与花纹瓦当不同，文字瓦当则更直接地反映了人们的愿望与追求，齐瓦当上的文字有"天齐""千秋""千万""延年""千秋万岁""千秋未央""千秋万岁安乐无极"等等。

"天齐"文字瓦当于齐国都城临淄出土，

在中国文字瓦当史上占有举足轻重的地位。《史记·封禅书》说："八神，一曰天主，祠天齐。""天齐"文字瓦当是齐国祭祀天主的祠庙用瓦，也寓含吉庆之意。天齐原是泉水名，在临淄南郊山下。目前所发现的十余种"天齐"文字瓦当，其年代可分为战国、秦、西汉三个不同时期，字形各异。秦统一中国之前，文字异形的现象很普遍，各地制瓦工匠都按照自己的习惯书写。插图中的"天齐"二字是齐国通用的篆书。写时随形布势，舒卷自如，毫无拘谨杂乱、繁简失序的习气。目前，齐地已发现文字类瓦当100余种。

　　商周劳动人民用智慧创制了砖和瓦，秦汉劳动人民又用汗水培育了这两朵奇葩，让它大放异彩，为后人留下了秦砖汉瓦。

秦砖汉瓦

### 三、秦砖

陶器作为一种器具首先应用于生活之中，制成罐、碗、盆、钵等用于储藏、饮食。商代以后，陶器的最大用途是用做建筑材料。

西周初期，筒瓦和板瓦已经出现，随后瓦当也问世了。

到了战国时期，又出现了砖。

砖瓦在秦、汉有了更大的发展，秦砖汉瓦成了建筑的基本材料。

粘土砖以粘土为主要原料，经泥料处理、成型、干燥和焙烧而成。

2006 年 8 月，考古队发现陕西省凤翔县豆腐村遗址是战国早期向秦故都雍城提供砖瓦类陶质建材的作坊，早期的秦方砖也首次被发现。这种砖又厚又重，不规格，没有足够的承重力，多数在烧制过程中出现了变形和开裂，这是秦砖的最初形态。后来，经过劳动人民的不断改进，终于烧出了震古烁今的秦砖，被世人誉为"铅砖"。

秦始皇陵园及周围遗址出土的秦砖，陶土多取骊山泥土，未添加羼合材料。因泥土本身含有多种矿物成份，经烧制后十分坚固耐用，因而才有"铅砖"的美称。

秦砖颜色青灰，质地坚硬，制作规整，浑厚朴实，形式多样。

秦砖种类如下：

1. 素面砖：用于铺地，也称铺地砖。

2. 花纹砖，砖上有绳纹、菱形纹、回纹、圆形纹、"S"形纹和云纹等。

绳纹是陶器的装饰纹样之一，是新石器时代至商周时期陶器最常见的纹饰。其制作方法是在陶坯制好后，待半干时，用缠有绳子的陶拍在陶坯上拍印，留下绳纹，再入窑焙烧。

其他花纹砖的制作过程是先将要表现的题材刻在印模上，然后将印模打印在未干的砖坯上。印模如果是阴纹，打印在砖坯上的就是阳纹；印模如果是阳文，打印在砖坯上的就是阴纹。

3. 空心砖：体积庞大、内部空而不实，又称空腹砖、空砖、圹砖、郭公砖、琴砖和亭长砖。最多的是长方形砖，也有门楣砖、支柱砖和三角形砖等。空心砖外印各种纹饰，阴纹的空心砖花纹个体较大，分布松散，线条流畅，内容有卫士、虎、朱雀、飞雁等；阳文的空心砖花纹个体较小，排列紧密，内容有舞乐、骑射、田猎等。阴纹的空心砖比阳纹的空心砖时代要早。

插图为秦代印花空心砖，砖体硕大，长110厘米，宽40厘米，厚14厘米，器身浮雕阳线菱型纹，有乳钉纹，为太阳花纹。双面浮雕，是秦代建筑典型器物，重65公斤。

总之，除铺地青砖为素面砖外，大多数砖面饰有太阳纹、米格纹、小方格纹、平行线纹等。用于台阶或砌于壁面的长方形空心砖，砖面或模印几何形花纹，或阴线刻划龙纹、凤纹，有的还有射猎、宴会等场面。

4. 文字砖：砖体上印有文字。

"秦小篆体十二字砖"，铺地砖，长30.8厘米，宽26.7厘米，厚4厘米。此砖正面以凸线分为十二个方格，每格内有一阳文秦篆，文字是"海内皆臣，岁登成熟，道毋饥人"，其意是普天下的人都是秦朝的臣民，五谷丰登，路上见不到饥饿之人。这是秦朝都城的宫殿用砖。

5. 画像砖：画像砖几乎都是宫殿建筑用砖，多为巨大的空心砖和条形砖，主要用作宫殿的台阶，其中以秦旧都栎阳和秦都咸阳出土的画像砖最为精美。

战国末期，秦国最先开始了从木椁墓向砖室墓的演变，并使用画像空心砖来修建墓室。伴随着秦军统一六国，画像空心砖墓被秦人从关中带到了关东地区。

今藏于陕西省博物馆的一块"侍卫、宴享、射猎纹画像空心砖"，是现存秦代模印画像空心砖的代表作。

陕西咸阳秦都第一号宫殿遗址曾出土有龙纹和凤纹的空心砖，系阴线，龙作蟠曲状，凤纹有立凤、卷凤、水神骑凤等，刻画细致，神态生动，线条矫健。

"水神骑凤砖"，1974年至1975年间于陕西咸阳秦都一号宫殿建筑遗址出土。图在空心砖残片上，已不完整。上有一水神，正面戴山形帽，仅存上身左半。其左耳挂一曲体青蛇，左臂曲肘上举，手如鸟爪，两趾。据《山海经》有神"耳两青蛇"之语，可知其右耳也有一蛇。神人左方有一凤，张口含珠，凤冠后伸，仅存头颈，其下与神人联接处为一环璧，也仅存上半。因图像残损，难窥全貌，很难判定其确实内涵，但定源于神话，应与"秦得水德"有关。该图线条劲健流畅，形象夸张生动，富于装饰美，特别是凤体中表现羽毛的线纹，简洁匀称，变化丰富，颇具艺术匠心。

据科研部门调查，秦陵及周边出土的条型砖有大型和小型两种，大型的秦砖长 42 厘米，宽 18.5 厘米，厚 8.9 厘米，重 14 千克；小型的长 28 厘米，宽 14 厘米，厚 7 厘米，重 5 千克。条形秦砖一般具有下列特征：（1）饰有细绳纹。（2）胎体细密且含有石英砂等矿物质。（3）密度大、质地坚硬。（4）秦砖土质细腻，做工规矩，分量很重。

据有关科研单位测定，秦砖抗压强度达 456 千克／平方厘米，是一般砖的 2 倍。

原来，秦代以前砖的应用还很不普遍，砖上有花纹，具有装饰性，大都用在宫殿、墓葬等方面。

秦末汉初，砖的使用多了起来，其用途也由装饰作用向承重作用转变，构筑城池、建造房屋都开始大量用砖了。

中国文化遗产

# 四、秦瓦当

西周末年，秦人游猎于甘肃天水一带。公元前677年，秦人来到周人故地，定都雍城。

秦人受周文化的影响，开始使用瓦当。此后290余年（前677—前383），作为秦国都城的雍城成为秦瓦当的重要生产地区。后来，秦国迁都栎阳（前383—前350年），又迁都咸阳（前350—前207年），情形也是如此。

整个战国时期，七雄各霸一方，各国所用瓦当各具特色，瓦当艺术第一个鼎盛时期形成了。其中以齐国都城（今山东临淄）的树木双兽纹半圆瓦当、燕国下都（今河北易县）的饕餮纹半圆瓦当、秦故都雍城的动物纹圆瓦当和咸阳的云纹葵纹瓦当为最佳，形成战国瓦当艺术三分天下的鼎盛局面。而最早使用圆形瓦当、采用当面四分法和当心采用圆形装饰的秦瓦当直接影响了汉代瓦当，并引导瓦当艺术在西汉形成第二个高潮。"当面"指瓦当的正面，"当心"指瓦当的中心。

2008年8月，在陕西凤翔县秦故都雍城遗址上，考古工作者发现了秦国雍城制陶作坊，出土了2000多件以动物图案为主的秦瓦当，上面大多有纹饰和文字，有很高的艺术和考古价值。

数量如此多的秦瓦当面世尚属首次。先秦瓦当并不多见，此次出土的早期秦动物瓦当共10类15种动物纹饰，丰富了早期秦瓦当的品种。

这次，出土了许多动物纹圆瓦当，有鹿纹、獾纹、虎燕纹、夔凤纹、鱼纹、四兽纹、斗兽纹等。这些动物形象是以当时狩猎中常见的动物为刻画对象的，反映了先秦时狩猎活动的兴盛。秦人原是一个以游牧狩猎为主的部落，喜欢将动物作为崇拜对象加以描绘，将这些动物形象生动地刻画在建筑的瓦当上。我国北方草原地区的岩画也反映了这一点。

雍城出土的动物瓦当采取自然写实手法，造型生动逼真，自由奔放。构图上无界格，不分区，多表现各类动物的侧面形象，单腿，单目，单体动物占据当面，其中以鹿居多。而且鹿的形态各异：站鹿头部微扬，机警灵敏；奔鹿前蹄高扬，跳跃奔驰；卧鹿回首顾盼，神态安闲。双鹿瓦当中一只大鹿在奔跑中突然停止，几只小鹿在其身前嬉戏玩耍，活泼可爱。其中，也有鹿与其他动物同时出现在瓦当上的，如中间为一只站鹿，身边有蟾蜍、小鹿、飞鸟、犬等，巧妙地将天上的飞鸟、水中的蟾蜍等动物安排在一起。

鹿纹刻画准确，抓住了鹿的基本形态特征，能以洗练的手法表现鹿的矫健轻盈和温顺机敏，栩栩如生，反映了秦人对生活的敏锐观察力和高超的表现力。

其他动物纹瓦当也刻画得十分精彩：

单獾回首张口，尾巴高举回卷，与头部呼应。

双獾相对，颈部相交，头似前伸，又似回顾，构思奇特生动，饶有情趣。

双犬上下排列，姿势相近，两耳竖起，躯体略后倾，似遇到野兽或生人，正在警觉地吠叫。

夔凤纹瓦当在雍城遗址出土较多：其中一种躯体较瘦，双翅不明显，尾部交叉，似龙似凤；另一种形态丰满，造型优美，尾部高翘，神态安闲。从中可看出夔凤纹的演化过程。

蛙纹瓦当构图与其他动物纹不同：蛙匍匐于画面，身上花纹清晰，四爪弯曲，与瓦当的外圆吻合。线条圆润流畅，富于图案化。

鱼鹰纹瓦当：一只鱼鹰站立在画面中，喙部较长，口中衔着一条鱼。鱼鹰的尾部下垂，与衔鱼的头部构成平衡。这也反映了秦人的渔猎习俗。

这些动物纹瓦当与齐国对称严谨的树纹动物瓦当和燕国凝重繁缛的兽面纹瓦当相比，显得自由活泼，富于生活气息。

在秦都咸阳和临潼芷阳遗址等地出土的战国中晚期秦国的动物纹瓦当，单体动物已经很少见到了。当面出现了四区界格，并且中心圆突，所表现的动物有鹿、马、鱼、雁、龟、甲虫等。

如咸阳窑店一号宫殿遗址出土的动物纹瓦当，当面有中心圆突，双栏界格将画面分为四区，每区中有双鹿、双马、双雁、双龟，互相对称。

也有在每区中只有一只动物的，如咸阳出土的四鱼纹残瓦，每区中只有一条鱼，旋转排列。临潼芷阳遗址出土的动物纹残瓦当，一格为鹿，一格为野猪。

这种有中心圆突的四区格局，开创了秦汉瓦当分为四区之先河。

这些瓦当以动物纹饰为主，有鹿蛇纹、虎纹、凤鸟纹、蟾蜍纹、獾纹、虎雁纹、鹿纹、虎鹿纹等，同时还有一批西周和先秦时流行的半圆形瓦当。

西周早期的瓦当是素面的，呈半圆形，称半规瓦，秦代的瓦当由半圆形发展为全圆形。

秦瓦当时代包括春秋、战国和统一中国后的秦代，有半圆瓦当、大半圆瓦当和圆瓦当三类。

### （一）半圆瓦当

半圆瓦当是瓦当家族中最早的成员，秦半圆瓦当分类如下：

1. 素面半圆瓦当：盛行于春秋中晚期至战国早期，战国中晚期至秦代只有少量发现，如秦咸阳遗址出土的半圆形瓦当都是素面的，筒瓦内拍印大麻点纹，并留有明显的一层层泥条盘筑痕迹，瓦色青灰，瓦质坚硬厚重，是早期秦瓦当的典型特征。

2. 绳纹半圆瓦当：在素面半圆瓦当的当面上有绳纹饰带，多与素面半圆瓦相伴出土，流行于春秋中晚期，沿用至战国早期。在凤翔雍城豆腐村姚家岗春秋建筑遗址、马家庄春秋中晚期建筑遗址、凤翔瓦窑头都有出土，简单的风格流露着瓦当童年时的纯真。

3. 山云纹半圆瓦当与燕国大量出土的山云纹半圆瓦当很相似，区别在于秦瓦当上的云纹接于山形上，燕瓦当上的云纹多接边轮。这种秦瓦当多见于秦咸阳及渭河以南秦遗址中，如西安三桥镇就多有发现。

4. 云纹半圆瓦当的当面分两区，当心多饰网状纹。20 世纪 70 年代中期，陕西咸阳秦都一号宫殿出土了一种瓦当，花纹即为云纹。这种纹饰是秦统一后宫殿瓦当的主要图案。这种云纹带有明显的动物倾向，有些云纹作蝉状，有些云纹作蝴蝶状。

秦瓦当上的云纹工整精致，是汉朝云纹的样板，后世云纹瓦当都不及秦代的精细。

云是祥云，代表祥和之气。云纹瓦当表现了秦人渴望和平幸福的美好愿望。

5. 植物纹半圆瓦当：植物纹中有叶纹、莲瓣纹和葵花纹。2007年11月，户县几位文史研究人员在该县石井镇农村发现了瓦当、空心砖等秦代宫殿建筑构件，为寻找秦甘泉宫（秦甘泉宫在秦代历史上曾经是一个重要建筑，是国君祭天之处）提供了线索。其中有一块已残缺的秦代葵纹瓦当，直径约17厘米。

### （二）大半圆瓦当

又称遮朽，是为保护建筑物顶部的檩子特制的，制时在整圆的下底横向沿瓦筒切去约1/4即可，直径一般为50至70厘米。当面装饰着变形夔纹，呈山形构图。这种大半圆瓦当安装在皇家宫殿两侧的檩头上，流行于秦代。秦始皇陵、陕西兴平、辽宁绥中石碑地秦始皇行宫遗址都曾有发现。这种瓦当非常大，不像一般瓦当用于椽头，而是用于檩头，既起装饰作用，又防檩子腐烂，因此称遮朽。

"夔纹瓦当王"在1977年出土于秦始皇陵北面2号建筑基遗址中大半圆形夔纹瓦当，高48厘米，径61厘米，背有残筒长32厘米。这件瓦当是迄今已发现的秦代瓦当中的最大者，人们称之为"瓦当王"。

夔又称夔牛，是传说中的一只怪兽，外形似龙，声音如雷，仅有一足。古人认为夔能避邪。

这座建筑遗址是秦始皇陵的便殿，四组房子分布在东西向的一条直线上。其中一、三、四号遗址破坏严重，二号遗址较完整。遗址中出土的建筑材料做工十分考究，质量皆为上乘，还有云纹瓦当、几何纹半圆瓦当。

这个大半圆形瓦当饰以粗绳纹，有麻点纹，夔纹遒劲，刀法简炼，夔纹身躯屈曲盘折，极度夸张，线条有力，突出了立体感。夔纹反复盘曲，除了形成自身的曲线美以外，同时使纹样间的空隙部位形成美丽多样的空间。这种纹饰完全承袭商周青铜器纹饰的传统风格。整个图案给人以美的享受，是我国古代陶雕中出类拔萃的作品。

辽宁省绥中县石碑地南接山海关，是秦始皇东巡时的行宫所在地。出土于石碑地遗址的大瓦当，当面直径54厘米，高44厘米，厚2.5厘米，瓦身长78厘米。泥质灰陶，模制。当面作大半圆形，边轮出凸。当面饰高浮雕夔纹，夔龙已简化，蜷曲盘绕，两相对称，状如山峦。筒瓦顶面拍印细绳纹，内面无纹饰。这块夔纹大瓦当是秦始皇宫殿特用的建筑构件，现藏于辽宁省文物考古研究所。

秦始皇好大喜功，修建了许多离宫别馆，有"关内三百，关外四百"之说。著名的阿房宫和咸阳宫代表了秦代建筑的最高水平，规模宏大，雄伟壮观。作为秦始皇自己未来居住的陵园，其建筑当然不可能逊于生前居住的宫殿。"夔纹瓦当王"的发现即是实证。

瓦当在古代建筑中是非常重要的建筑构件，是和整个建筑成正比的，由瓦当之大便可以推知秦始皇陵的建筑之大了。

### （三）圆瓦当

分素面、图像、文字三类。

1. 素面瓦当：素面圆瓦当多见于战国早期以前的秦国，以后已极少使用了。

2. 图像瓦当：瓦当纹饰有动物纹、植物纹和云纹三种。动物纹早期为单一动物，如奔鹿、立鸟、獾、豹等。中期为对称的扇面状图案，每个扇面有双鹿、对鸟和昆虫等。植物纹有树叶、葵瓣、莲瓣等，有的外圈饰有六个卷曲纹，有的内圈缩小，饰花蒂纹，外圈用尖叶纹和卷云纹相间组成变形葵纹。秦统一前后的瓦当，主要饰以云纹，在边轮范围内以弦纹隔成两圈，以直线将内外圆面分为四个扇面，填以云纹，内圈饰以方格纹、网纹、点纹、四叶纹和树叶纹等。

（1）单体动物纹瓦当：主要流行于战国前期秦都城——雍城遗址。一般边轮较窄且不甚规整，当面没有弦纹，瓦呈青灰色，十分坚硬，瓦筒拍细绳纹。动物纹样包括鹿、虎、獾、蟾蜍、豹、夔凤等。插图依次为战国早期秦"獾纹"瓦当、战国早期秦"夔凤纹"瓦当和战国早期秦"凤鸟纹"瓦当。

凤鸟纹瓦当数量较多，种类丰富，目前发现的有六种之多，形态有相同之处，基本为曲颈、长喙、长冠、长尾分叉且上翘，长翅振起呈奔走或飞翔状，动感强烈。但他们又不完全相同，在身体的肥瘦，冠、尾、翅的艺术表现手法等方面表现出一定差异。当面均为圆形，直径在 14 至 15 厘米之间，边轮不很规整，多出自豆腐村制陶作坊遗址和凤尾村遗址。

（2）以一种动物纹为主，辅以其他动物或植物纹。

如"虎燕纹"瓦当表现虎、燕相逐的场面，再现了猛虎快速奔跑时突然回首的瞬间，虎口圆张，眼见一心追逐它戏耍的飞燕即要丧生虎口。虎威猛狰狞，燕轻捷灵敏，大小形成鲜明的对比。虎爪的锋利，虎头及脚部肌肉的发达，透露着森林之王的威势与敏捷。相形之下，飞燕的轻盈又显得那样无助，饿虎扑食的紧张气氛被渲染得让人透不过气来。

又如"猎人斗兽纹"瓦当，画面中有一只怪兽，近似龙，头部有双角，后爪腾空跃起。原本庞大威猛的怪兽似在哀叫，小小的猎人自信地手持长矛直刺怪兽的心脏，场面惊险，形象简练，怪兽的庞大与人物的弱小形成强烈的对比，表现了游猎出身的秦人无往不胜的英雄气概和秦人对自然的征服力。

（3）多个同种动物纹构成的瓦当：如双獾瓦当、四鹿瓦当等。"双獾纹"瓦当：当面圆形，面上饰有两只獾纹，交颈站立，尾巴卷起，嘴巴大张，利爪很有力感。双獾交颈，嬉戏欢鸣，体现了同类动物之间的亲情或友情。当面直径 14.6 厘米，边轮宽 0.6 至 1 厘米。凤翔豆腐村制陶作坊遗址出土。

秦代以动物画像瓦当为多，如鹿纹、四兽、夔凤、豹、鱼等。这些瓦当的内容反映了秦人祈福求祥的心理，以谐音的手法寓意吉祥，如獾寓"欢"意，鹿寓"禄"意，鱼寓"余"意等，这为后代吉祥图案的流行开了先河。

上述秦动物纹瓦当，当面均无界格。秦中晚期的瓦当渐渐分区了。秦都咸阳、临潼芷阳等遗址曾出土这类瓦当，如秦咸阳宫殿遗址出土的鹿、雁等四种八只动物组成的瓦当。

（4）植物纹瓦当：当面饰花叶纹，以秦故都雍城和西安三桥阿房宫遗址出土的莲花纹瓦当最著名。阿房宫出土的莲花纹瓦当直径 16.2 厘米，莲花蓬勃绽放，生机一片，筒瓦上印有"左宫"二字。左宫是"左宫水"的省文，宫水是秦时中央督烧砖瓦的一个专门机构。瓦当上印上这一文字，说明此瓦为左宫水主持烧制，以示负责。宫字类砖瓦陶文大量见于秦始皇陵和阿房宫遗址，而有印章的瓦当比较少，这是秦瓦当的一种特色。

植物纹瓦当的出现略晚于动物纹瓦当，约出现于战国中晚期，主要有花叶纹，在秦故都雍城、芷阳、咸阳等遗址均有出土。凤翔豆腐村遗址出土的莲花纹瓦当，其中心圆四周有五朵花瓣，在花瓣的空间各有一只三角形的装饰物，构图丰满华美。西安洪庆堡出土的四叶纹瓦当，其画面为四界格分区，每区有一只向外伸展的叶子，叶脉清晰。临潼芷阳遗址出土的花苞纹瓦当，双栏十字分区，每区有伸展的花朵，含苞待放，简洁明快。这与战国时期的四叶纹铜镜相似，是六国装饰图案相互影响的明证。

葵纹图案瓦当装饰性强，品种繁多，成为秦瓦当的大宗。战国初期，葵纹瓦当出现并很快流行起来。在雍城、栎阳、咸阳等地都有大量的出土，成为关中地区最具特色的图案瓦当。

关于葵纹瓦当的源头，说法不一。传统的观点认为源于葵花，还有人认为是植物叶尖和动物尾部的结合体，也有人认为是从辐射纹、旋云纹演变来的。葵纹图案像水涡，可能象征流水。秦人以水纹装饰瓦当应与"秦人主水德"有关。有人根据辐射纹极像太阳的光芒，秦"双凤朝阳纹"瓦当中的太阳酷似葵纹图案，认为葵纹应与太阳和火有关。

上述说法均有一定道理。装饰图案是通过对自然界的观察模拟，间接地折射人们的思想意识，成为一种有意义的形式，其最终目的是为了美化建筑，反映人们的心理需求。

葵纹瓦当主要出土于雍城、栎阳、咸阳等地。早期饰以辐射纹，并在辐射纹周围加以卷曲的水波纹或"S"纹，以单线为主。中期发展为双线，葵瓣较为粗壮，中心圆和外周的区别较大，中心圆像绳纹，葵瓣的弯曲度较大，葵瓣切入中心圆，浑然一体。这些葵纹瓦当华丽美观，富有韵律感。后期逐渐向云纹瓦当过渡，西汉初年被云纹取代。

植物纹瓦当中要数莲花纹最为典型，其他多为变形或零星花瓣、茎叶与云纹、葵纹相组合。

秦代植物纹瓦当于 1974 年和 1975 年在陕西咸阳秦都一号宫殿遗址出土，一般直径为 16.3 厘米至 19 厘米，边轮宽 1 厘米左右。秦代植物纹瓦当分两种：一为莲瓣纹瓦当，圆形，中间为单一莲瓣形，与凤翔出土的叶纹瓦当相似；二为葵纹瓦当，纹饰有四种：第一种在圈带内外三条用反向连弧线组成辐射状葵花形，成为一个整体图案；第二种在外圆圈带周围饰有六个卷曲纹样，似葵花；第三种为变形葵纹，中央圆圈变小，内饰花蒂，外圆圈由四个尖叶形体和四个卷云纹相间组成葵花；第四种似变形葵纹，又似变形云纹。

5. 云纹瓦当：样式极为丰富，变化多种多样，秦故都雍城、栎阳和秦都咸阳三处遗址出土最多。如战国晚期的秦"云纹瓦当""羊角形云纹瓦当"和"蘑菇形云纹瓦当"。

云纹瓦当是秦图案瓦当的主题，是从战国以来的葵纹演化而来的。我们可以从众多的战国至秦的葵纹瓦当中看到这一演变过程：葵纹逐渐演化为羊角形云纹、蘑菇形云纹，最终发展成云朵纹。瓦当纹饰同其他装饰艺术一样，由繁到简，从写实到写意，由具体到抽象。云纹在其发展演变过程中吸取了自然界的云朵、花枝、羊角、蘑菇等因素，逐渐形成了较为抽象的卷云纹图案。云纹图案一般当心有圆突、网格、十字、四叶等，当面有四个分区。云朵有单线、双线两种。形状有羊角形、蘑菇形、几何形、卷云形。构图采取中心辐射、等量对称、四周均衡的原则。舒展流畅，华丽美观，富于变化。由于云纹具有光亮、明快的特点，像一朵朵缭绕的祥云飘在房檐上，更衬托出宫殿高耸入云的非凡气势。

秦汉时期人们渴望求仙升天，祥云缭绕于建筑之上，使人有登上瑶台为仙，步入琼阁成神之感，因此云纹成为秦瓦当装饰的主流图案。

秦云纹瓦当以蘑菇形云纹最为流行，秦咸阳宫一号宫殿遗址出土的瓦当以蘑菇形云纹居多，羊角形云纹次之。

从此，瓦当纹饰分四区排列的模式渐渐固定下来。

如果说西汉图案瓦当过于成熟，每令人有单调之感，而秦图案瓦当则变化自如，明显透露出一股朝气。

### （四）文字瓦当

瓦当上多有纹饰和文字，不但能保护屋檐，防止风雨侵蚀，它还是一种艺术品，富有装饰效果，使建筑物更加绚丽多姿。

在考古界，秦文字瓦当还是秦宫殿与建筑物的标识。

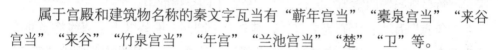

出土的秦文字瓦当内容以宫殿和建筑物名称为主，也有地名、市署、记事和吉语。

属于宫殿和建筑物名称的秦文字瓦当有"蕲年宫当""橐泉宫当""来谷宫当""来谷""竹泉宫当""年宫""兰池宫当""楚""卫"等。

反映地名的瓦当有"商"等。

记事瓦当有"卫屯"等。

市署瓦当有"华市"等。

吉语瓦当有"维天降灵延元万年天下康宁""永受嘉福""延年""羽阳千岁""日月山川利"等。

其它瓦当有"佐弋"等。

"蕲年宫当"：发现于雍城西南三十余里的凤翔县长青乡堡子壕遗址。蕲年宫又叫祈年观，初建于秦惠公时期，为祭祀后稷、祈求丰年而建。蕲年宫是秦代著名宫殿，秦始皇曾在此宫举行过加冕礼。

1982年，"蕲年宫当"出土了，根据文献记载和"蕲年宫当"出土的地层情况，考古工作者认定这里就是秦蕲年宫的所在地。

1986年经国家文物局批准，陕西省考古研究所再次对堡子壕遗址进行了科学试掘，结果在秦代文化层和战国秦文化层中共出土"蕲年宫当"十六块。瓦当均呈深灰色，当面模制，较平整，边轮较窄，所附筒瓦内饰布纹，外饰绳纹，瓦径大致相同，约16厘米多，当心为圆乳钉纹，乳钉外用双十字线分区，"蕲年宫当"四字均匀分布于四个扇面中。其中"蕲年"二字位于当面右侧，"当宫"二字位于当面左侧。外径17.8厘米、厚3.4厘米。

与"蕲年宫当"同时出土的还有一批制法基本相同的"橐泉宫当""来谷

宫当"和"竹泉宫当"。

"来谷宫当"：字体清晰规整，已发现有二式。Ⅰ式：当面径约16.4厘米，当心为圆乳钉纹，乳钉外用双线作十字分区。"来谷宫当"四字从右向左均匀分布于四个扇面中，当面右边为"来谷"二字，左边为"宫当"二字，字体端庄，线条舒展；Ⅱ式：当面径16厘米，泥质灰陶，当背凹凸不平，当心为一乳钉纹，乳钉外用十字双线把当面平分为四个扇面，"来谷宫当"四个篆体字均匀分布于四个扇面之中，字体隽秀。与Ⅰ式不同的是，当面四字从左向右竖着读，左边为"来谷"二字、右边为"宫当"二字。谷是农作物的总称，来谷是祈求丰年之意。

"竹泉宫当"：当径16.4厘米，当心为圆乳钉纹，乳钉纹外用双十字线分区。"竹泉宫当"四字为小篆体，均匀分布于四个扇面中。

"年宫"瓦当：中心为乳钉纹，其外有一圆圈，圈外以十字双线将当面等分为四个扇面，三个扇面内各饰有羊角似的卷云纹，一个扇面内为阳纹"年宫"二字。

"兰池宫当"：为阳文小篆，合成圆形，字体古朴美观。兰池宫是秦代著名宫殿，秦始皇常游兰池，有时夜宿兰池宫。兰池宫是一座供秦始皇游兰池时休息的离宫，因建在兰池之滨而得名。兰池是一个人工湖，湖面可以荡舟，又配有蓬莱山、鲸鱼石等景观。

"卫"字瓦当：当面仅一繁体"卫"字，出土于阿房宫东北地下。秦始皇每灭掉一个诸侯国，总要仿建其宫室，"卫"字瓦当是秦始皇命人为仿建的卫国宫室烧制的。"楚"字瓦当则是为仿建的楚国宫室烧制的。

"卫屯"瓦当：是为宫门外卫屯兵居住的周庐烧制的。

"日月山川利"瓦当：面径14厘米，当心饰一"米"字纹，其外为环纹，

环纹外饰水轮纹。"日月山川利"五字隐现于水轮纹之间，五字由左下方开始按顺时针方向排列，是将文字与动物纹、云纹等图案组合在一起的瓦当，既填补了文字周围的空间，又使画面显得充实和谐，生动活泼，增强了装饰性。

"延年"瓦当：一只鸿雁双翅展开，首尾两翼展作十字形，颈部伸得又长又直，是鸿雁

高飞时的典型动作，"延年"二字刻在双翅之上，似被鸿雁托起，画面显得均衡美观。这是祭祀日月山川的神殿所使用的瓦当。

"与天无极"瓦当：当面作"与天无极"四字，阳文小篆，四字合成圆形，甚为美观。

"永受嘉福"瓦当：由"永受嘉福"四字合成圆形，系鸟虫书体。

"维天降灵延元万年天下康宁"瓦当：为十二字瓦当，秦阿房宫遗址内出土，是秦始皇统一中国时期的产物。字体是标准小篆，笔法圆浑古妙，面径 16.4 厘米。瓦文三行，每行四字，行间饰有十个小圆形乳钉纹，四边有蔓草图案。瓦当文字内容为吉祥语，赞颂秦始皇的统一大业，宣扬王权统治和宗教迷信思想。

"商"字半瓦当：1980 陕西丹凤县商邑遗址出土一块，1996 年在原址附近又出土一块。瓦当为半圆形，高 8.2 厘米，当面充满一模印的"商"字，书体为小篆，笔画比较细瘦，转折生硬。秦孝公二十二年（前 340 年），卫鞅率军进攻魏国，俘获魏国公子魏昂，因功被封为列侯，号商君。卫鞅从此称商鞅。商邑遗址是卫鞅被封为商君时所建，在今丹凤县城西 2.5 公里的古城村。

"华市"瓦当：圆形，瓦色青灰，当背不平，有明显的切痕，涂朱红色，当面直径为 13.5 厘米，中心有一圆乳钉纹，外饰弦纹，乳钉外和弦纹间上下排列"华市"二字。字两侧各饰一单线卷云纹，当左侧填一鸟树纹，右为一卷云纹。华市为秦故都雍城市署之名。

"佐弋"瓦当：秦时少府有佐弋，掌管弋射。

文字瓦当是瓦当艺术中的一支奇葩。关于文字瓦当的起源，史学家说法不一，有人认为文字瓦当始于西汉，有人认为文字瓦当始于秦代，有人认为文字瓦当源于战国。

为了破解文字瓦当起源之谜，1996 年，陕西省考古研究所雍城考古队在凤翔县长青乡孙家南头堡子壕遗址进行了科学试掘，先后在秦代文化层和战国时期秦国文化层中分别发现了一批文字瓦当。

这批文字瓦当均为秦文字瓦当，考古工作者从而确定秦文字瓦当源于战国时代，这一论断已被公认是科学可信的。

春秋战国至秦代是文字瓦当的萌芽期，到了汉代，终于步入巅峰，可谓百花齐放，争奇斗妍，琳琅满目，绚丽多姿。

## 五、汉砖

由于年代久远，秦砖已经极为难得，而汉砖则相对容易得到一些。从出土的文物可以看出，秦汉制砖工艺已相当成熟。

中国古建筑已有几千年的历史，而砖在建筑上的使用对建筑的发展有着重大的影响。由于经过烧制的砖具有强度高、耐磨、耐水浸等特性，因此开始时它多用于中国古代建筑中的防水部位及易于磨损的部位。到了汉代，砖不但在建筑上被使用，在地下墓葬中也广泛使用了。

由于砖本身的装饰性和艺术性逐渐增强，汉代画像砖的装饰技艺已经达到了极高的水平。

汉砖除素面砖之外，尚有画像砖、花纹砖、文字砖。

### （一）画像砖

画像砖是一种表面有模印、彩绘或雕刻图像的建筑用砖，形制多样，图案精彩，主题丰富，深刻反映了汉代的社会风情，是中国美术发展史上的一座里程碑。这些砖上绘有楼阁、桥梁、车骑、仪仗、乐舞、百戏、祥瑞、异兽、神话、故事、奇花、异草等，内容丰富，画技古朴，成为研究我国汉代政治、经济、文化、民俗的宝贵文物。

画像砖始于战国，盛于两汉，被誉为"敦煌前的敦煌"。

汉画像砖是中华民族几千年灿烂文化的深厚积淀，再现了中华民族的勤劳勇敢、睿智善良、热情奔放、积极进取、热爱生活、珍惜生命、知书达理及追求理想的优秀品质。画像栩栩如生，活灵活现，富于动感，展示了汉文化的厚

中国文化遗产

重和博大精深，在中国传统文化中具有独特的历史地位。

画像砖题材丰富：

1. 神话题材：如"汉代西王母画像砖"。

"汉代西王母画像砖"：图正中西王母坐在龙虎座上，右为玉兔捣药，左有一女子梳双髻，手持灵芝，为求药者。此图反映了汉代人乞求长生不老的思想。

又如"伏羲女娲画像砖"。河南郏县出土的"伏羲女娲画像砖"描绘了兄妹成婚繁衍人类的故事，为我们展示了一个极其丰富饱满又充满生命力的世界。图案工艺制作异常精美，是美学通过想象的演绎。

"伏羲女娲画像砖"：长 39 厘米，宽 19 厘米，厚 4 厘米，砖面涂有护胎粉，属高浮雕工艺。伏羲女娲是一个流传极广的神话故事，汉画专家王锦生说："伏羲女娲人首蛇躯，有阴阳谐和之意，在伏羲女娲二祖众多德政中，因有始配夫妇之举，亦可视为家庭的保护神。这在各地出土的汉代画像砖、画像石、画像石棺上得到证实。"

图中伏羲女娲身后有长翅，无脚，手中分持叉和旗。整幅画面除伏羲女娲外，还有五个羽人，伏羲女娲居中偏左，两尾相交，戴葵花帽者为女娲。左边有两个羽人，穿折裙，腿部已化成蛇尾状，向内卷曲成云纹符号，面向伏羲女娲。右侧有三个羽人，面向伏羲女娲的羽人有双尾，并有铠状纹饰。其中一羽人为媒人，为伏羲女娲作媒。右上方的羽人呈飞翔状，身下有祥云数朵，向伏羲女娲飞来。右下方有一小羽人，脚踏祥云向右侧飞去，是伏羲女娲刚刚生下的孩子。

整幅画面采用散点透视，主客搭配，张弛有度。飞扬流动的画面充满了蓬勃旺盛的生命力和对美好生活的向往和追求，令人浮想联翩。充分体现了汉人对现实生活的爱恋。"伏羲女娲画像砖"属高浮雕工艺，区别于其他汉砖的浅浮雕和平雕，是中国历史上不可多得的瑰宝。

2. 现实题材：反映农业、副业、手工业和商业的，如以播种、收割、舂米、桑园、酿酒、盐井、采莲、市井等为主题的画像砖。内容丰富，题材广泛，颇具研究价值，如汉代成都扬子山出土的"弋射收获画像砖"。

"弋射收获画像砖"是一件杰作，在一块砖面上分上下两个画面，上面描

秦砖汉瓦

绘的是池边弋射，下面则是田间收获。

"弋射图"图中池塘水波涟涟，群鱼游动，莲蓬挺立水面，丰姿绰约。一群水鸭仓皇飞散，惊慌失措。池畔两位猎人侧身跪地，引弦搭丸，冲天而射，身姿健美。

"收获图"，图中有农夫正在挥镰收割。其中左侧的一组三人弯腰小心翼翼地割稻穗，右侧一组二人高高地举起镰刀砍稻茎，最左侧一人荷担而立，似向田间送饭者，这是辛勤劳动生活的真实写照。也有表现墓主享乐生活的，诸如宴饮、庭院、庖厨、乐舞、百戏、车马、出行等，从一定角度反映了民俗风情等情况，如"丸剑起舞图"。

"丸剑起舞图"是汉代画像砖中的珍品，四川成都扬子山二号墓出土，长46.4厘米，高40厘米，厚5.3厘米。画面偏左有大小二鼎，杯盘已撤，宴罢开始歌舞。右上方一人耍弄弹丸，七弹齐飞；一人舞剑，并用肘耍弄瓶子。右下方一高髻细腰伎女高扬长袖而舞，一人摇鼗鼓伴舞。左下方二人共坐一席，同吹排箫。左上方席上一男子向前伸展长袖，势欲起舞；一高髻女子正在吹排萧伴奏。构图紧凑，气氛热烈，形象生动，线条流畅，刻划极为成功。

3. 动物题材：如以龙、牛、虎、马、鹿、鱼、象等为题材的画像砖。

插图为"龙纹画像砖"，画面上以龙纹为主，线条流畅，气势磅礴，极富动感，是研究汉代绘画难得的实物资料，而且从图案中可以看出，早在汉代时，作为我们中华民族象征的龙，其形象已十分丰满，开始腾飞了。

## （二）花纹砖

有植物纹、云纹、火焰纹、宝相花纹、几何纹等，纹饰丰富，多种纹样常配合使用，具有很高的审美价值。

插图为南充汉墓出土的一千七百多年前的汉砖，长39厘米，宽27厘米，厚10.9厘米，每块汉砖一侧都有精美的几何形图案。

在汉宣帝杜陵遗址出土的砖瓦建筑材料中，有方砖和长条砖，纹饰为几何纹和小方块纹。

铺地用的基本上都是方砖，铺在斜坡道上的方砖有的是素面砖，有的带几何花纹。有趣的是有的花纹砖铺在地上时花纹朝下，这样与地面接触可以牢固些。如在杜陵廊道发掘的砖大部分都是花纹朝下，开始时人们都以为是素面砖，揭起来之后才发现都是有花纹的。原来，上坡处都是花纹朝上，人走在上边时摩擦力大，不易滑倒，容易攀登。花纹砖基本上就这两种，汉代的方砖花纹种类比较少，而空心砖的纹样比较多。

## （三）文字砖

砖上有纪年、吉文、名号，其文字有篆、隶、楷等多种形式。

2008 年 3 月，内蒙古文物考古人员在和林格尔县新店子村发掘出 6 座汉墓，在其中 1 座墓地内发现一块刻有"宜子孙、富番昌、乐未央"9 个字的文字砖，约 24 厘米见方。

"汉十二字方砖"，出土于西安，上面的铭文是"延年益寿，与天相待，日月同光"。

总之，画像砖是研究中国文化艺术、生产科技、民俗风情的重要文物资料，极具研究价值，是极为重要的艺术瑰宝。

画像砖的形制有两种，一种是 40 厘米见方，一种是长 45 厘米左右、宽 25 厘米左右的长方形。

画像砖盛行于两汉，多用于墓室中，有的则用于宫室建筑上。画像砖主要用木模压印，然后烧制而成，也有用手工在砖上刻出纹饰的。画面的表现形式有浅浮雕、阴刻线条和凸刻线条。有的上面还有红、绿、白等颜色。多数画像砖为一砖一个画面，也有上下两个画面的。画面内容非常丰富，不仅是美术作品，也是记录当时生产、生活的实物资料。

下面再介绍两块在历史上极为有名的画像砖：

"盐井画像砖"：纵 36.5 厘米，横 46.8 厘米，四川花牌坊出土。表现的是汉代四川井盐生产的汲卤熬制过程。画面上的盐井设有提取盐卤的滑车，盐卤正通过架设的竹枧缓缓地流向燃火的铁锅。"盐井画像砖"是研究我国古代盐业最难得的实物资料。

秦砖汉瓦

"西汉成都文翁石室授经讲学图画像砖"：生动地塑造了讲授儒经时的情景，图中左边形象较大者为老师，其余为弟子。教师循循善诱，弟子毕恭毕敬。此图歌颂了汉代关心百姓，兴办教育的清官文翁。

文翁是安徽庐江舒县枫香树村人，自幼好学，通晓《春秋》。汉景帝后期，文翁出任蜀郡太守，兴修水利，发展农业，使蜀郡出现了物阜民殷的局面。他见蜀郡地处边陲，民风野蛮，文化落后，便大力兴办教育。经过多年努力，蜀地民风大变，到京城求学的人和齐鲁一样多，也成了礼仪之邦。汉武帝命令全国各郡县向文翁学习，都设立学宫。文翁逝世后，官民为他修建祠堂，每年祭祀不断。现在，在他的家乡，人们为了纪念他，已将坐落在枫香树村的文冲小学改名为文翁小学，将原来的枫香树中学改名为文翁中学。

东汉时期，基于对于孝的重视，厚葬成风，人们纷纷为逝者建造奢华的画像砖墓。汉代墓砖的形状有以下几种：

1. 条形砖：即人们通常见到的长方体砖。

2. 楔形砖：两侧厚度不等的砖，两正面为长方形，两侧面为等长不等宽的长方形，两端面为等腰梯形。因端面形状如木楔，故名。

3. 梯形砖：两侧长度不同的砖，两正面呈等腰梯形，两侧面一长一短，两端面相等。

4. 方形砖：两正面为正方形，其余四面都是相同的长方形。

5. 盒子砖：剖面为工字形，是一种形状特殊的小型空心砖，长26厘米，宽13厘米，厚11厘米。

6. 榫卯砖：砖的两端不是平面，而是分别有一个凸起和凹陷的部分（即榫和卯），使用时一砖的榫套另一砖的卯，彼此相互搭合，以免坍塌。采用榫卯结构的砖有条形砖、楔形砖和梯形砖数种。

7. 双体砖：正面不平，顺长有一条中线，砖体沿中线分为相连的两半，一半高，一半低，高度差为1至2厘米。这种砖在使用时必须同向，彼此承托。

汉画像砖种类繁多，反映了劳动人民的聪明睿智和制砖工艺的高超水平。

# 六、汉瓦当

西汉自文景之治后，商业走向繁荣，经济得到了极大的复苏，建筑方面也取得了长足的发展。

西汉宫廷楼台殿阁继承周秦遗风，气势宏伟雄壮，如长乐宫、未央宫、明光宫以及上林苑，富华豪华，规模宏大。这就为瓦当艺术在汉代大放异彩奠定了发展基础。

意义深远、造型精巧的瓦当显示了皇家的威严，构成了独具汉代特色的建筑风格。

瓦当一方面是建筑实用品，同时又是一种装饰工艺品。汉代瓦当题材十分丰富，人文与自然并存，神话与现实并存，抽象与写实并存，造型优美，结构多变，体现了汉人杰出的艺术构思与美术技巧。

汉代瓦当有称当的，有称瓦的，有称甓的，也有称箆的，如"京师庾当""都司空瓦""长水屯瓦""长陵东甓""庶氏冢箆"等。

汉代瓦当是在秦代瓦当的基础上发展起来的，青出于蓝而胜于蓝。与秦代瓦当相比，汉代瓦当不仅数量多，而且种类更加丰富，制作日趋规整，图案多姿多彩。

文字瓦当的大量出现不仅完善了瓦当艺术，同时也开辟了一个全新的艺术领域，反映了汉代社会经济状况和思想意识形态。

汉代瓦当数量多，质量精，时代特征鲜明，文化内涵丰富，把中国古代瓦当艺术推向了最高峰，为我们现代美术发展提供了素材和借鉴。

汉代瓦当继承了秦代及先秦的瓦当，形制有半圆形和圆形两种。半圆形瓦当流行于汉初，圆瓦当在汉初时与秦代瓦当风格近似，汉武帝以后有了自己明显的特色。

西汉素面瓦当较少，多为纹饰瓦当和文字瓦当，饰纹瓦当又可分为图像瓦当和图案瓦当两类。图像种类极多，有麟凤、狻猊、飞鸿、双鱼、玉兔、蟾蜍等数十种，构图巧妙，独具匠心。与秦图像瓦当取材于现实生活不同，汉代瓦当图像多取材于现实而又经过了高度艺术的夸张，有超脱现实生活的珍禽异兽，想象丰富，构思奇巧，线条细腻而不繁琐，极富浪漫主义色彩。

关于瓦当纹饰的区分，基本上分为三大类：图像瓦当、图案瓦当和文字瓦当三种。

### （一）图像纹瓦当

汉代动物纹瓦当越来越少，最常见的是"四神瓦当"，多用于宫殿等建筑，多出土于汉长安城遗址。四神依次为青龙、白虎、朱雀、玄武，是象征东西南北的四种灵兽，是以自然界的动物为原形加以想象而创造出来的。青龙、白虎、朱雀、玄武四神瓦当堪称图像瓦当的代表。四神是古代传说中的四方之神，其中青龙能呼风唤雨，象征东方、左方、春天，为四神之首。白虎象征西方、右方、秋天。朱雀是理想中的吉鸟，象征南方、下方、夏天。玄武是用龟和蛇组合而成的，象征北方、上方、冬天。四神也是四种颜色的象征，即蓝（青）、白、红（朱）、黑（玄）。瓦当四神图案都有一个明显的中心，因其突起似乳，圆圆似钉，故称乳钉。它与边栏形成呼应，给人以庄重的美感。围绕这个中心把纹样安排得稳定充盈。四神瓦当十分注意细部的刻画，如龙的鳞甲、朱雀的羽毛、玄武的龟纹等都十分清楚。四神纹瓦当分置于殿阁东、西、南、北四个不同方位上，汉长安城遗址多有出土。青龙纹瓦当直径 19 厘米左右，当面饰一龙，头有双角，颚下有髯，细颈短足，满身鳞甲，长尾翘起，双翼上扬，十分矫健，为汉宫内东向殿阁所用。白虎纹瓦当直径 18 厘米左右，当面为一虎纹，体态雄健，巨口大张，引颈翘尾，跃跃欲奔，为汉宫内西向殿阁所用。朱雀纹瓦当直径 18 厘米左右，当面为一大鸟，凤头、鹰喙、鸾颈、鱼尾，头上有冠，羽毛扬起，振翅欲飞，为汉宫内南向殿阁所用。玄武纹瓦当直径 18.5 厘米左右，正中一龟一蛇，龟匍匐爬行，蛇卷曲蟠绕于龟体之上，为汉宫内北向殿阁所用。

四神（青龙、白虎、朱雀、玄武）在中国古代分别代表天上东、西、南、北四个方位的星宿，战国时期已经有了关于四神的记载。汉人深信四神与天地万物、阴阳五德关系密切，有护佑四方的神力，因此用其驱邪镇宅，保佑社稷长存，江山永固。四神瓦当有多种样式，雍容典雅，制作精致，艺术水准极高。直到今天，仍被广泛用于装饰图案中，堪称瓦当家族中的瑰宝。

"龙纹瓦当"：西汉长安城遗址出土。直径19.5厘米，边轮较宽，当面为一盘龙，龙身上有细密的鳞甲。

"蟾蜍玉兔瓦当"：直径18厘米，边轮为齿轮状。当面主纹是蟾蜍和玉兔，蟾蜍圆目鼓腹，有短尾，四肢屈张作跳跃状；玉兔鼓目长耳翘尾，作腾空奔跃状，周围衬以蔓草纹。此图源于民间传说，代表月宫里的蟾蜍、玉兔形象。

"白虎纹"瓦当：身上有明显的白纹。

"豹纹"瓦当：西安北郊徐家湾出土，直径16厘米，边沿略残，豹体随外圆自然回首，呈弓形，张口，身上有圆斑点，显示了豹的特征。

这些图像纹饰运用线与面的有机结合，想象大胆，通过人类的艺术夸张和想象，创作出神话图像，有更高的艺术境界。

## （二）图案纹瓦当

秦云纹瓦当以蘑菇形云纹最流行，秦咸阳宫一号宫殿遗址出土的瓦当以蘑菇形云纹居多，羊角形云纹次之。西汉初年至汉武帝时，仍沿袭秦代的蘑菇纹、羊角纹。汉武帝以后，西汉中晚期至东汉，绝大多数瓦当用的都是云纹。

汉代瓦当风格古拙朴质，但古拙而不呆板，朴质而不简陋，装饰意趣极浓。

云纹瓦当是西汉瓦当中数量最大的一类。当面中心多为圆钮，或饰以三角、菱形、分格形网纹、乳钉纹、叶纹、花瓣纹等。云纹占据当面中央大面积的主要部位，花纹变化复杂多样。

在流行的圆形瓦当上，最常见的装饰纹样是卷云纹。卷云纹瓦当一般在圆当面上作四等分，各饰一卷曲云头纹样。变化较多，有的四面对称，中间以直线相隔，形成曲线和直线的对比；有的作同向旋转形。这样图纹的瓦当富有韵律美感。

"羊角形云纹"瓦当，直径14厘米，边轮残损较多，当面中心为一圆钮，钮外施一周弦纹，外区以四道短线分为四格，以界格线为中轴饰四组对称的羊角形云纹，外区边缘还施一周绳索纹。

图案纹是对现实生活中具体形象的高度提炼和抽象，运用几何线条简略地勾勒，所表现的对象被简化，而线条本身却在不断产生新的内涵。

### （三）文字瓦当

文字瓦当在汉代最具时代特色，占有突出的地位。文字瓦当据内容可分为宫殿、官署、陵墓、祠堂、记事、吉语、杂类等。

吉语类文字瓦当多为吉祥颂语，种类繁多，内容丰富，用途较为广泛，宫殿、陵墓、官署、仓廪、苑囿均可使用。从文辞内容上分，可归纳为以下几个系列：

1. "千秋万岁"系列：有"千秋""万岁""千秋万世""千秋万岁与天无极""千秋万岁与地无极""千秋万岁""千秋利君""千岁""千秋万世长乐未央""万岁富贵""千秋长安""千秋万岁常与天久长"等。

"千秋万岁"瓦当：残长57厘米，瓦当面径18厘米，汉阳陵南阙门遗址出土，现藏于陕西汉阳陵考古陈列馆。圆瓦当，中心有乳钉纹，四方起双阳线将当面四等分，每格填有一字，为自右向左直读书写。十分巧妙地用文字作装饰，具有图案美。边际有弦纹，瓦当边沿平整宽厚。整体风格自然、安详、质朴。

2. "长乐未央"系列：有"长生未央""长乐万世""克乐未央""万年未央""安世未央""富昌未央""永年未央"等。

"长生未央"瓦当：面径19.2厘米，圆瓦中心有乳钉纹，四方起双阳线将当面四等分，每格填有一字，自右向左直读书写篆书"长生未央"四字。

3. "延年益寿" 系列：有"延寿长相思"
"延寿万岁""延寿万岁常与天久长""延寿
长相思"等。

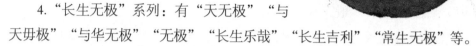

"延寿万岁常与天久长"瓦当：从右至左
依次为二字、四字、三字，布局依字之多少而
变化，有活泼生动之美。运用文字线条的依让
伸缩，形成一种变化无穷的美的旋律。

4. "长生无极" 系列：有"天无极""与
天毋极""与华无极""无极""长生乐哉""长生吉利""常生无极"等。

"与天无极"瓦当：寓意吉祥，与天一样万寿无疆。中心有乳钉纹，四方
起双阳线将当面四等分，每格填有一字，为自右向左直读，书写篆书"与天无
极"四字，字体结构随圆周变化。

5. "富贵" 系列：有"富贵宜昌""方春富贵""并是富贵""日乐富昌"
"大富""千万富贵""高贾富贵"等。

"高贾宝贵"瓦当：文字围成一周，不分界格，用云纹隔开。

6. "无疆" 系列：有"亿年无疆""永奉无疆"等。

"亿年无疆"瓦当：径长 19 厘米，字体用小篆写成，结构严谨，笔法颇见
功力。

其他吉语瓦当多种多样，如"长毋相忘""大吉日利""宜钱金当"等。
这些吉语瓦当文辞优美，言简意赅，充分反映了当时人们对美好生活的向往与
追求。

瓦当字数不等：

一字瓦当：瓦当上只有一字，配以纹饰。

"卫"字瓦当：直径 15 厘米，瓦色青灰，出土于汉长安城遗址。当面为一
繁体"卫"字，字外有一周网纹。字体俊秀，竖笔状如悬针，极具观赏价值，
是未央宫内卫尉府房上的瓦当。卫尉是汉朝统率卫士守卫宫禁之官，卫尉即卫
将军。西汉时护卫宫殿者有郎卫和兵卫之分，光禄勋率郎官为郎卫，卫尉率卫
士为兵卫。西汉时卫尉所部称南军。

二字瓦当：瓦当上面只有两字。

"上林"瓦当：陕西西安上林苑遗址出土，是汉文景时期的文字瓦当。以

小篆为基础加以规范化，与当时的汉印文字——缪篆风格一致。笔画依当面弧形弯曲，当面边际凸起弦纹。文字竖读，疏落有致。瓦边平整宽阔。

三字瓦当：当面上只有三字，配以图案纹饰。

"甲天下"瓦当：长 19.8 厘米，上部为一马一鹿图案，左右并列，下部"甲天下"三字凸起，篆书体。"甲天下"有显示地位之意。

四字瓦当：有的为吉语，如"长乐无极""长生吉利""万岁未央"等，这类吉语瓦当在品种和数量上非常多。有的瓦当文字表明墓葬名称，如"高祖万世""长陵西神""殷氏冢当"等。

"汉并天下"瓦当：汉长安城遗址出土，当面直径 17 厘米，厚 2 厘米，边轮较深，宽约 1 厘米，当面外缘有单线轮廓，内以双线十字界格分四个扇面，篆书"汉并天下"分置其中。中心有一圆柱，圆柱外有单线中心环，径 4 公分。字体劲健流畅。

"千秋万岁"瓦当：出土于汉王陵，当面中心有乳钉纹，四方有双阳线将当面四等分，每格填一字，自右向左直读。边际有弦纹，瓦当边沿平整宽厚。整体风格自然安详，有称功之意。

五字瓦当：有"鼎湖延寿宫""延年益寿昌"等。

"鼎湖益寿宫"瓦当："宫"字在正中心，其他字围成一周。

六字瓦当：有"千金宜富景当"等。

九字瓦当：共有九字，有"延寿万岁常与天久长"等。。

"长乐未央延年永寿昌"瓦当：右半部是"长乐未央"，左半部是"延年永寿昌"。

除上述外，瓦当文字尚有十字以上者，如汉武帝茂陵曾出土一个完整的十二字瓦当，外圈八字为"与民世世，天地相方"，内圈四字是"永安中正"。

文字瓦当是汉代瓦当的主流，内容丰富，书法高妙，布局依字数多少而变化，有一种活泼生动的美，是中国文字瓦当艺术中的集大成者。它运用文字线条的依让伸缩，形成一种变化无穷的美的旋律。

瓦当文字多为篆书，也有少见的隶书，在

圆这一特定范围内，随形就势，笔画或长或短，字形不取方正，充分发挥了篆文书法的装饰艺术效果。据统计，瓦当篆文的变化有 120 种之多，可谓绮丽壮观。

汉人在瓦当这一普通的建筑构件上，在那小小的圆形空间内，充分发挥想象力，创造出丰富多彩的艺术天地，真令人叹为观止。其画像之精美、图案之瑰丽、文字之隽秀已到了登峰造极的境界，成为金石学的研究内容之一。

瓦当反映了古代的社会生活和人们的思想意识，可弥补历史文献之不足。秦瓦当的动植物图案是秦民游牧生活的反映，而云纹表示祥云缭绕，反映了秦民祈福降灵的心态。

古今百姓都希望天下太平，幸福安康。现在，西北农村的院墙上常写"福""禄""寿"等字做装饰，这和先民的心理是一脉相承的。

瓦当上的文字有时可作为我们判断古代建筑年代、地址的实证，如"京师仓当"的出土为我们指出了西汉京师粮仓的具体位置，还有"长陵东当""长陵西当"等也有同样作用。

京师仓遗址位于陕西省华阴市矶峪乡西泉店村南，又名华仓，建于汉武帝时期（前 140—前 88 年），是为长安贮存、转运粮食的大型粮仓，容量上万立方米。

京师仓遗址规模大，保存好，是目前发现的规模最大的西汉粮仓建筑遗址，对研究汉代建筑史、经济史、漕渠航运史等都具有重要价值。这样重要的遗址就是靠一块小小的瓦当找到的。

瓦当还是研究我国古代书法的宝贵资料，它字数不限，少则一字，多则十余字，组成了一个个完整的画面。字体有小篆、隶书、鸟虫书。鸟虫书是介于文字与绘画之间的一种书体，很受群众喜爱，接近美术体和图案字。

文字瓦当巧妙地用文字作装饰，处理手段丰富，变化多种多样，有很高的审美价值，具有图案美感。

文字瓦当运用文字书写的艺术技法，通过点线组合或长短线之间的交错、互补、互让、疏密，形成了万千夺目的图案美。

中国古代那些曾经辉煌一时的宫殿建筑，随着时间的推移早已荡然无存了。但我们可以通过众多神采各异的瓦当遥想当年建筑的雄伟与华丽。

文字瓦当反映了时代的审美情趣、高度的艺术概括能力和大度的艺术风范，不但是研究古建筑的实物资料，而且对文物考古、文字嬗变、金石书法、雕刻绘画、工艺美术等方面也都有着很高的研究价值。

如上所述，瓦当是祖先给我们留下的一份珍贵的文化艺术遗产，值得我们借鉴和发扬。

中国文化遗产

# 宋代名窑

中国人在科学技术上的成果以及对美的追求与塑造，在许多方面都是通过陶瓷制作来体现的，并形成各时代非常典型的技术与艺术特征。中国陶瓷工艺发展到宋代，达到了炉火纯青的成熟阶段，艺术上取得了空前绝后的成就。这一时期南北方各窑风格迥异，一些以州命名的瓷窑体系特点明显，令后人一目了然。最为著名的窑址有五个，即"汝、钧、官、哥、定"。

# 一、陶瓷概述

## （一）陶瓷发展史

早在欧洲掌握制瓷技术之前一千多年，中国已能制造出相当精美的瓷器。从我国陶瓷发展史来看，一般是把"陶瓷"这个名词分为陶和瓷两大类。通常把胎体没有致密烧结的黏土和瓷石制品，不论是有色还是白色，统称为陶器。其中把烧造温度较高、烧结程度较好的那一部分称为"硬陶"，把施釉的一种称为"釉陶"。相对来说，把经过高温烧成、胎体烧结程度较为致密、釉色品质优良的黏土或瓷石制品称为"瓷器"。

从传说中的黄帝尧舜时期至夏朝（约公元前 21 世纪—公元前 16 世纪），是以彩陶来标志其发展的。其中有较为典型的仰韶文化以及在甘肃发现的稍晚的马家窑与齐家文化等等。

汉代（公元前 206—220 年），艺术家和工匠们的创作材料不再以玉器和金属为主，陶器受到了更多的重视。在这一时期，烧造技艺有所发展，较为坚致的釉陶普遍出现，汉字中开始出现"瓷"字。

六朝时期迅速兴起的佛教艺术对陶瓷产生了影响，在作品造型上留有明显痕迹。

唐代（618—907 年）不仅是一个强盛的朝代，同时也是艺术史上的一个伟大时期。陶瓷的工艺技术有很大改进，精细瓷器品种大量出现，即使用当今的技术鉴定标准来衡量，它们也算得上是真正的优质瓷器。唐末大乱，连年战乱中却出现了一个陶瓷新品种——柴窑瓷，质地优良被广为传颂，但传世的极为罕见。

陶瓷业到了宋代（960—1279 年）得到了蓬勃发展，并开始对欧洲及南洋等国大量输出。以钧、汝、官、哥、定为代表的众多有各自特色的名窑在全国各地兴起，产品的

品种日趋丰富。1280年，元朝建立，枢府窑出现，景德镇开始成为中国陶瓷产业中心，其声名远扬世界各地。

### （二）各时期的特色

根据现有的考古资料来看，断定中国原始陶器开始于距今七千年左右。最早的彩陶发源地在黄河流域，尤其以陕西的泾河、渭河以及甘肃东部比较集中。甘肃东部大地湾一期文化，不仅在器形上比较规整，而且绘有简单的纹饰，是世界上最早出现的彩陶文化之一。这一时期已出现陶轮技术，制陶术已成为一种专门技术，陶器上纹饰已经略为复杂，以几何纹样为主。在陕西、河南、山西三省交界地区为中心的庙底沟文化，彩陶花纹则更加富于变化，以弧线和动感强烈的斜线体现变形的动物形象。日常生活中所常见的鱼、鸟、猪以及人类自身都被作为装饰纹样。这些纹饰的描绘手法都很生动，布局合理，是原始绘画的佳作，也是研究中国绘画史的可靠形象资料。

远古时期的陶瓷烧造技术资料至今还无从找寻，但从现有资料推测，可能在新石器时代初期是用柴草在平地上用篝火直接烧制，这种方法至今在许多偏远落后地区还在使用，统称为"无窑烧陶"。

大约在距今四千多年之前，中国进入夏、商、周时代，其间约两千年左右。这一时期的社会形态为奴隶社会，也成为由奴隶社会向封建社会变革的转型时期。这时，各种手工业开始有分工制度，制陶业已成为独立的手工业部门，而且是诸多工种中最重要的一种。

夏、商、周三代的陶瓷品种，大致可分为灰陶、白陶、印纹陶、红陶、原始陶等。其中在日常生活中使用最多的是灰陶，有素面，也有简单的绳纹或篮纹，或者彩绘各种复杂图案的；还有在制作胎体过程中用拍、印、刻、堆、划等手法留取肌理效果的。这一时期的器体造型功能依然以饮食器皿为主，有豆、鼎、釜、鬲、甗、斝等等。白陶在新石器晚期就已出现，这一时期又有了进一步发展。白陶所使用的原材料为瓷土，质地较细密，烧成温度也比其他陶器品种要高。其造型与装饰直接受到同时期青铜礼器的影响，艺术价值不在青铜器之下。

通过长期烧造白陶和印纹硬陶的实践，不断改进原材料的选择与加工，在商代中期出现了原始瓷器，到西周、春秋、战国时期开始兴盛起来。胎质烧结程度提高和器表施釉，使原始瓷器不吸水，而且更加美观。原始瓷器一般都在施釉前在坯体上拍制几何图案，釉色多呈现青绿、青黄色。

夏、商、周时代的烧窑技术也有所改进，馒头窑的出现更加改善了窑内的烧成条件，对提高陶器质量有利。窑炉的改进，是这一时期出现原始瓷器的重要原因。

秦代时，秦始皇即位之初便大兴土木，建造大规模的阿房宫和陵园。所以，砖、瓦等建材和宫殿内所需陶瓷器皿便大量烧造。1974年在秦始皇陵东侧出土的大量与真人等大的陶制兵马俑，就是秦始皇陵墓陪葬品的一部分。从已发掘的三个俑坑情况可以看出当时的烧陶水平，数量巨大，制作精湛，神态各异，造型生动，工艺成熟。如此巨大的作品，几乎没有变形、开裂的问题，原材料使用当地泥土，凝结性、可塑性强。这一时期的窑炉建设，为适应大量烧制建筑用陶和像兵马俑那样的大型物件，窑室规模增大，普遍增加了一到三倍。窑炉所设烟囱多已移到后部。特别值得一提的是，这一时期出现了窑床前高后低的特殊设计，是一项创造性改革，使窑室内温度不均的问题得以改善。

汉代是中国陶瓷历史上的一个重要转折点，所制器物的表面被广泛施釉。汉代人重视墓葬，成为习俗，殉葬品力求丰富而精细，被称为"明器"。陪葬品中大量使用陶制品，因为这种材质可以保存千年而不腐败。除饮食所用的器皿

外，还大量模拟生活场景，加以微缩，如陶制的楼阁、仓房、灶台、兽圈、车马、井台、奴仆等等，营造虚幻环境供死者享用。明器当中的壶、尊、盆、罐之类器皿，一般都在素坯之外敷设一层粉彩，并不与胎体相融，稍摩擦便脱落；小型生活场景模型，外表都施加绿色低温铅釉，这种铅釉有毒性已被当时人们所知晓，所以在日常生活用品中并不使用。此外，在汉代陶器当中，瓦当的艺术成就也非常突出。

汉代的陶瓷器，造型浑厚而饱满，许多器形模仿铜器造型。器物表面施釉烧成温度约在950℃

－1000℃之间，为低温釉，所以今天所见到的汉器表面出现有细微碎纹。到汉代为止，我国北方使用的馒头窑已基本达到比较完善的地步。在南方，此时已出现比较成熟的龙窑，增大窑室的同时也缩短了烧成时间。

在我国，众所公认的、真正意义上的瓷器之出现当在东汉时期。瓷器的坯体由高岭土或瓷石等复合材料制成，在1200℃–1300℃的高温中烧制而成，胎体要求坚硬、致密、细薄而不吸水，胎体外面罩施一层釉，釉面要光洁、顺滑、不脱落、不剥离。长江中下游的广大地区具有丰富的原材料资源，又富有燃料资源，所以这一地区的制陶业发展很快，出现了众多而且面广的窑址。瓷器的产地俗称"窑口"。

三国、两晋时期，江南陶瓷业发展迅速，相继在萧山、上虞、余姚一带出现了越窑、瓯窑、婺窑等著名窑址。所制器物注重品质，加工精细，可与金、银器相媲美，成为当时名门望族的日用品。

东晋南朝时期令人惊喜地出现了一种独特的、对后世有深远意义的陶瓷品种，这就是白瓷。

这一时期的瓷器已取代了一部分陶器、铜器、漆器，成为人们日常生活最主要的生活用具之一，被广泛用于餐饮、陈设、文房用具、丧葬明器等等。

南北朝时期佛教兴盛，各地都建造了大量寺庙、佛像石窟，带有佛教色彩、意义的装饰随处可见。体现在陶瓷器上，最有代表性的是"莲花尊"。陶瓷还被大量运用到文具中，如笔筒、水盂、砚等。

唐代是被公认的封建社会的鼎盛时代，定都长安，洛阳为陪都。在这两个地方都出土了大量唐三彩，艺术和技术上都非常高超，举世瞩目。

唐三彩器大多出自墓葬。它的出现是我国陶瓷工艺发展的必然产物，它表明古代陶瓷工匠对各种呈色金属原料特性的认识、化学技术的掌握达到了一个新的水平。带色釉的发现和运用在汉代就已实现，如翠绿、栗黄、茶黄等色釉被广泛使用。到北朝时期，我国北方就开始有黄釉、褐釉彩色瓷器的烧造。到北齐，出现了白瓷和彩瓷。

初唐的三彩器以褐赭黄色为主，还有白色或绿色釉，采用蘸釉法，施釉较草率，釉层偏厚，呈流釉或烛泪状，釉层没有完全烧开，色泽暗淡。盛唐时期，三彩工艺明显进步，在器型品种上，除了器皿以外，还出现了大量生动的三彩人俑。这时的三彩釉色润莹，赋彩自然，采用混釉技法，器皿多为内外满釉，色彩有绿、黄、白、蓝、黑等；装饰手法除了刻花、印花外，还广泛使用堆贴和捏塑；装饰内容丰富多彩，花鸟走兽无所不包。然而中晚唐时期的三彩制品每况愈下，这一现象恰好从一个侧面反映了唐代由盛转衰的历史现象。晚唐三彩多为小件，趋向单彩釉，而且釉面单薄，脱落剥蚀现象严重。

开始于南北朝时期"南青北白"的瓷业布局，到唐代形成较为明显而固定的局面。从南北朝到唐代这一阶段，我国古代制瓷艺术逐步形成了青釉和白釉两个大的系统，它们在后世分别沿着不同的方向各自发展。白瓷的真正成熟期是在唐代，特别是在唐代中晚期，它已成为一个独立体系，与青瓷分庭抗礼。

当时北方烧造白瓷的区域非常广泛，而河北邢窑最为突出。它与南方越州出产的青瓷交相辉映，形成唐代陶瓷业的两大主流。唐代陆羽在他的《茶经》中用"类银""类雪"来形容邢窑白瓷的釉色，其胎、其釉的白度相当成熟。

唐代的繁荣最终被唐末的藩镇割据所打破，五代十国则是这种割据局面的延续，中国又进入了一个动荡的时期。但令人不解的是，这一时期的陶瓷业却有进步之势，这大概与当时帝王的爱好有很大关系，其中最有影响者为吴越的秘色瓷和后周的柴窑。

中国文化遗产

# 二、宋代陶瓷简介

中国陶瓷工艺发展到宋代，达到了炉火纯青的成熟阶段，艺术上取得了空前绝后的成就。这一时期南北方各窑风格迥异，一些以州命名的瓷窑体系特点明显，令后人一目了然。最为著名的窑址有五个，即"汝、钧、官、哥、定"。

## （一）宋代陶瓷发展的原因

宋代一改以前"南青北白"的发展格局，南北陶系融合，出现了古陶瓷生产的黄金时期。这一时期，商品经济快速发展，使得不同的制瓷传统蓬勃兴起，并且得到了比较充分的发展。在商品生产中，为了竞争，新的工艺层出不穷，技术的传播和相互影响十分活跃，从而形成了宋代陶瓷丰富多彩、百花齐放的局面。这是多种因素共同作用的结果。

国家经济的发展是陶瓷能够迅速发展的前提条件。宋代的经济是十分富足的，统治阶级又有自己独立的价值追求。宋朝的汴梁城已经用煤生火做饭取暖了，当时西方都是用木头劈柴生火做饭取暖。宋朝商业的高速发展对经济起到了推动作用，获得庞大财政收入使国民经济飞速发展，工商业极度繁荣，这是生产力水平提高的结果。丰厚的社会财力使政府既不用向农民征收苛捐杂税，又能保证自身收入。《清明上河图》就充分体现了宋代经济工商的繁荣。宋代的国内生产总值强盛时占全球的 50%，无论是质量还是数量，宋代时国家的综合实力都是当时世界第一。

宋代国家财政收入的主体已经不再是农业而是工商业了，农业社会已经开始向工业社会迈进了。宋朝获得庞大的财政收入并不是靠加重对农民的剥削，而是手工业和商业极度繁荣，生产力水平提高的结果。宋朝的经济，尤其是第二、第三产业得到了极大的发展，人民生活水平达到了空前的高度。由于物质的繁荣，必然导致国家上层统治者对艺术与审美的追求，促进了文化艺术的发展，烙印到陶瓷上，便诞生了宋瓷，从唐代的雄浑、高远、旷达、辉煌、瑰丽，步入了宋代婉约、清纯、寄情、思辩、理性、尚志的新阶段。宋瓷是宋代文化的主要构成部分，是两宋文化的一朵绚丽的奇葩。宋瓷在当时的海外贸易中，已成为风靡世界的名牌商品。

宋代陶瓷工艺技术又有了进一步创新。

首先，在北方地区开始使用煤为燃料烧瓷。这是北方地区陶瓷业发展变化的一个至关重要的环节，这项创新解决了北方地区制瓷业燃烧不足的严重制约，使北方的制瓷业得以蓬勃发展。

其次，装烧技术的改进。随着以煤为燃料的采用，定窑首先开创了覆烧工艺，这种工艺既节省窑炉的空间，增加了产量，又使非常薄俏的器物得以烧成，防止变形，还对规范瓷器的大小有重要作用。因此，这一技术一经发明，便在南北方迅速普及。

再次，装饰艺术的发展进步。进入北宋，瓷器普遍流行花纹装饰，白瓷、青瓷甚至连黑瓷都开始用花纹装饰了，并形成了一种风气、潮流。宋代的瓷器装饰艺术，按工艺材料归纳，可分为坯体装饰（搅胎、刻划花、划花、印花、贴塑、镂空）、化装土装饰、釉装饰（纯釉装饰、窑变釉贴花装饰和彩釉装饰）、彩绘装饰（釉下彩绘和釉上彩绘）。工艺技法有刻、划、印、剔填、贴塑、镂雕、彩绘等，有时各种技法单独使用，有时两种技法结合运用，最复杂的是将绘、划、剔、填彩四种技法共同使用在一件器物上，从而产生丰富充实的装饰效果。

宋代是一个商品生产高度发达的社会，因此，宋代瓷窑形成了官窑和民窑两种不同的形式。所谓官窑，就是国家中央政府办的窑，专门生产皇宫、王室用瓷；所谓民窑，就是民间办的窑，生产民间用瓷。官窑瓷器，不计成本，精益求精，窑址的地点、生产技术严格保密，工艺精美绝伦，传世瓷器多是稀世珍品。而对于民窑，当时生产者看重的是实用价值，生产者要考虑成本，工料就不如官窑那么讲究，但并非没有精美的艺术产品。

官窑产品供给宫廷和上层社会使用，民窑产品主要在市场上流通。由于不同类型的窑场的产品供给对象不同，所以对产品的质量要求也就有所不同，甚至产品的用途也不同。因此，产品就各具特点，形成了以刻、划、印花等单色装饰和素面单色釉等以官窑御用品为代表的"雅器"和以彩绘装饰及彩釉瓷器等民窑产品为主的"俗器"。

"雅器"造型庄重典雅，釉色单纯，尤其尚青色，纹饰简洁，追求古铜玉器神秘庄重的艺术效果，这种趣味高雅的艺术风格充分反映了宋代上流社会的审美情趣。"俗器"造型灵活多变，讲究实用功能，色彩强烈明快，纹饰丰满富丽，情调热情奔放，花纹图案多富含吉祥寓意，这种艺术风格充分体现了广大民众的真情实感。这反映了宋代文化艺术上形成了士大夫的清雅艺术和庶民艺术两个层面。官窑和民窑在各具特色的同时，他们之间又相互学习、取长补短，这种制瓷业内部互相学习借鉴的风气是宋代陶瓷迅速发展的一个重要原因。

官窑产品不流入市场，不具有商业性质；而民窑是商业性的，是以商品生产为目的的，产品要面向市场，市场是其赖以生存的基础，要占据市场就要有过硬的质量和先进的技术。宋代时，民窑大量增加，所以竞争尤其激烈。

随着陶瓷从晚唐后期开始由高档消费品变为一般平民皆可使用的普通用品，民间窑场大量增加，原来没有烧窑历史的东北、西北和西南地区的许多地方都相继设立窑场烧造瓷器，过去制瓷业比较薄弱的北方地区和南方沿海地区瓷窑数量激增。窑场的增加加剧了竞争的激烈程度，激烈竞争的局面使得诸窑场难以墨守陈规，为了生存，各窑场纷纷采用和发明新的技术工艺。由此可见，市场竞争也是促进宋代陶瓷发展的一个重要因素。

### (二) 宋代陶瓷的特点

宋代是我国陶瓷发展史上一个非常繁荣昌盛的时期，被誉为"瓷器的时代"。现在已发现的古代陶瓷遗址分布于全国一百七十个县，其中有宋代窑址的就有一百三十个县，占总数的 75%。确切地说，东汉早期瓷器在浙江出现后，很快在长江下游一带传播开来，并逐渐波及长江中游、上游地区以及福建、广东一带。约在 6 世纪初叶的北朝时期，中原地区也出现了自己的烧制瓷器，从此我国的制瓷业便形成了南北两大瓷系。而到了宋代，则形成了多种瓷窑体系。宋代瓷窑体系的区分，主要是根据各窑产品的工艺、釉色、造型与装饰的异同，从中可以看出宋代形成的瓷窑体系有六种：北方地区的定窑系、耀州窑系、钧窑系、磁州窑系；南方地区的龙泉青瓷系、景德镇的青白瓷系。按照瓷器的釉色不同，又可以划分为：

1. 青瓷体系

（1）汝窑（河南宝丰县清凉寺）。

（2）官窑：皇家自办，烧制御用瓷器，有"紫口铁足"之称，成为南宋瓷器精品。

（3）哥窑与龙泉窑（浙江龙泉县）。哥哥叫章生一，弟弟叫章生二。哥窑瓷器的最大特点是瓷器通体开片，开大片称为"冰裂纹"，开细片称为"鱼子纹"，极碎称为"百圾碎"，若裂纹呈现出黑、黄两色，则称为"金丝铁线"。弟窑，即龙泉窑。

（4）钧窑：河南省禹县，瓷器以绚丽多彩著称于世，突破以铁为呈色剂，创造铜红釉窑变技术。

2. 白瓷体系

（1）定窑（中心窑场位于河北曲阳县灵山镇）。

（2）磁州窑：宋代著名民间窑，以白地黑花剔刻装饰最有特色。

3. 黑瓷系

釉汁的铁含量达到 8%，瓷呈纯黑色。

（1）建窑（福建建阳县水吉镇）。

（2）吉州窑（江西吉安永和镇）。

宋代工艺美术种类繁多，瓷器成就最高。宋代制瓷工艺在我国陶瓷史上的最大贡献是为陶瓷美学开辟了一个新的境界。陶瓷是一种艺术，是由釉色、造型和纹饰三要素构成的。我们从这三个方面来分析宋瓷的特点。

从胎釉上看，宋瓷中无论是单色釉和复色釉（花釉）所采用的厚釉装饰方法，还是釉与胎体纹饰结合的薄釉装饰方法，都极力追求釉色的自然美。这种釉色的自然美，体现在以下两个方面：一是它的呈色是釉中金属着色元素在"火"这个自然力的作用下产生的，没有人为痕迹，是自然天成的结果；二是它的色彩反映了大自然中蓝天白云、碧海青山、绿树黄沙、紫霞红日、宝石翡翠、珍禽异兽等自然色彩。古人对宋瓷釉色有各种各样的称谓，如"天蓝"

"天青""月白""粉青""梅子青""玫瑰红""葡萄紫""象牙白""蜜蜡黄""玳瑁""兔毫""鹧鸪斑"等等。这些形象的比喻，说明了釉色所展现的自然美，而这种自然美的形成，则又体现在制釉工艺技术与艺术审美及艺术表现的完美结合上。

　　青釉瓷在宋代仍是瓷器生产的主流，也是人们喜爱的釉色。唐代和唐代以前的青釉瓷，虽然在釉的色泽与质地上也在以玉为追求目标，但与宋代的青釉瓷相比，玉质感方面就差得多了。因为当时使用的釉为石灰釉，釉层薄而透明，颇似玻璃质感。而宋代青釉瓷的玉质感主要是使用了石灰釉、石灰碱釉和采用多次素烧胎体，多次施釉，增加釉层厚度而达到的。采用厚釉装饰法，不仅使釉质似玉，而且也使釉色柔和含蓄。为了更好地发挥厚釉装饰所具有的浑厚、凝重、深沉的艺术风格，宋代厚釉陶瓷造型大多都是形体比较单纯的，没有更多的起伏转折变化的造型。把造型的表现余地留给釉的装饰，从而更加突出了厚釉的特征。宋代厚釉陶瓷造型的基调是敦厚、简洁、浑然一体，造型和釉色相辅相成，相得益彰。厚釉装饰不等于把整个造型全部覆盖了，而是有隐有现，有藏有露，有深有浅，有虚有实，在单纯中求丰富，在含蓄中求个性。宋代厚釉青瓷釉色非常丰富，每个窑口间的釉色有别，即便是同一窑口也有许多不同倾向的色调。它不仅厚泽滋润，含水欲滴，而且釉乳光更是迷人。如汝官器，近光下察看，釉中多布红斑，有的如晨日出海，有的似夕阳晚霞，有的像七彩长虹，有的如锦缎闪烁，展现出一种富贵高雅之态。

　　除厚釉装饰外，宋代瓷器薄釉装饰也很具有特色。宋代瓷器薄釉装饰所具有的釉色美，体现在釉与胎及纹饰三者共同构成的似玉的色泽与质感上。乾隆皇帝称赞定窑的白瓷"既质玉之质，复白雪之白"；宋代《德应侯碑》赞美耀州

宋代名窑

窑青瓷"巧如范金，精比琢玉""视其色，温温如也"；宋代诗人李清照《醉花阴》词"薄雾浓云愁永昼，瑞脑销金兽，佳节又重阳，玉枕纱橱，半夜凉初透……"中的"玉枕"，便是对景德镇窑青白瓷的赞美。

宋代瓷器釉色追求自然天成的美，受益于传统美学思想。中国传统美学的一个显著特点，就是崇尚天然真实，鄙薄雕琢伪饰，把自然朴素之美作为理想之美的典范。正是基于这种原因，宋代种种美丽的名瓷，被世人誉为奇珍异宝，获得历代人们的热烈欢迎和高度赞美。这也是宋代瓷器能在世界上享有盛誉的一个重要原因。

宋代瓷釉的美不仅体现在釉色上，而且更体现在釉的肌理上。"肌"代表釉的质地，"理"代表釉的纹理。古人对于釉质的追求和欣赏一直是以玉为目标的，但古人在追求和欣赏如玉般的釉质的同时，也对釉内及釉面上自然形成的各式纹理所形成的肌理效果倍加赞赏。在宋瓷中，对于釉的纹理的欣赏，首推青瓷器上的冰裂纹。冰裂纹的出现，原本是工艺上的一个缺陷，是由于瓷器胎体和釉料的膨胀系数不同，在冷却收缩时开裂的，但古人却对这种自然产生的开裂纹理十分欣赏，在掌握了其规律后，有意识地拉大胎体和釉料间膨胀系数的差距，控制开裂纹路的大小与疏密，并通过着色处理使纹线产生色彩变化。冰裂纹的开裂，犹如寒冬时节江河冰面开裂时的纹线，纵横交错，变化万千。这种冰裂纹效果大概使匠师们觉得存在某种意蕴，便把生活中的这种自然现象重现在瓷器上，使人们感到意外的清新生动。匠师们对冰裂纹自然变化的追求，也赢得文人雅士们的欣赏，使得这种无意出现的自然"开片"现象得到了肯定，并成为一种流行的装饰手法。

与冰裂纹等因工艺缺陷而形成的"瑕疵美"相反，兔毫纹、油滴斑、鹧鸪斑和树叶纹等纹理之美，则是一种锦上添花的美。黑瓷本来就是以它漆黑的釉色而闻名，黑色给人一种深不可测的宁静和严肃的感觉，一直是人们喜爱的颜色，兔毫纹等便是在黑色的釉面上出现的纹理。

在宋代名窑中，釉色变化最丰富的非钧窑莫属。钧窑不仅以天蓝、天青、月白等青瓷与同时代的青瓷名窑媲美，更以海棠红、玫瑰紫、

中国文化遗产

葡萄紫等红紫色，在众多的名窑中独树一帜。钧窑的特征表现在釉层丰厚，釉质乳浊莹润，釉纹深沉多变，釉面有明快的流动感；釉色以蓝红为基础，熔融交辉，形如流云，灿如晚霞，变幻莫测，具有引人入胜的艺术魅力。人们把这种奇妙的现象称为"窑变"。

　　釉色的美妙，固然与配釉及烧成有关，但其所具有的装饰简练、线条明朗、棱角突出、起伏适当的特点也增加了钧瓷窑变釉的艺术感染力。它利用造型的边口和转折部分造成的薄釉和积釉，形成深浅不同的色彩变化；利用造型的出沿、出筋、出戟的凸凹线条阻止或凝聚流动的釉层，形成各种纹理变化。形与釉相辅相成，既衬托出造型的形体美，又突出了厚釉的天然美。珍藏于故宫博物院的一件北宋钧窑花盆，形状为菱花式，它以近于直线的微曲廓线构成丰润端正的形体，以凹凸变化的曲线勾勒出菱花形的盆沿和足边，腹部的棱线与菱花式口沿、足边上下呼应，和谐美观，犹如一朵盛开的菱花，富丽典雅。菱花式盆通体挂釉，釉在盆体竖面上流动，蓝红两色交融，呈现出玫瑰红色调的晚霞景色。玫瑰红色与盆体边棱部位呈现的茶黄色相衬，犹如夕阳与晚霞相辉，给人以美的遐想。

　　钧瓷上的窑变现象，鬼斧神工，变幻莫测。它在红、蓝、月白等基本色调上，有的色带呈光芒放射状；有的色带横向或斜向浸漫，如同云雾缭绕峰峦；有的色带纵向流淌，犹如瀑布从山巅直泻而下，气势雄浑，飘逸虚幻，颇具神韵。钧瓷窑变可贵之处是它不露任何人为造作的痕迹，完全是一种自然的形态，体现出一种"浑然天成"的美。中国古典艺术理想一贯反对雕饰满眼而崇尚质朴无华，把平淡自然看做艺术的最高境界。钧瓷窑变就是这样成功的艺术品，虽然有人工的因素在内，但看上去却宛如天然，体现了中国人"天人合一"的审美观念。

　　总的来说，宋北方窑系的瓷胎以灰或浅灰色为主，釉色却各有千秋。南方窑系的胎质则以白或浅灰白居多，追求釉色之美、釉质之美，宋人在制瓷工艺上达到了一个新的美学境界。

　　从造型的角度分析，宋瓷的器形比前几个朝代更为丰富多彩，几乎包括了人们日常生活用器的大部分：碗、盘、壶、罐、盒、炉、枕、砚与水注等，其

宋代名窑

中最为多见的是玉壶春瓶。

总的来说，民间用瓷的造型大部分是大方朴实、经济耐用；而宫廷用瓷则端庄典雅、雍容华贵。最能反映皇家气派的是哥、官、钧、汝与定窑口烧制的贡瓷，最能体现百姓喜闻乐见的是磁州、耀州窑口烧制的民间瓷品。

从纹饰上讲，宋瓷的纹饰题材表现手法都极为丰富独特。一般情况下，龙、凤、鹿、鹤、游鱼、花鸟、婴戏、山水景色等常作为主体纹饰而突现在各类器形的显著部位，而回纹、卷枝卷叶纹、云头纹、钱纹、莲瓣纹等多用作边饰、间饰，用来辅助主题纹饰。工匠们用刻、划、剔、画和雕塑等不同技法，在器物上把纹样的神情意态与胎体的方圆长短巧妙地结合起来，形成审美与实用的统一整体，令人爱不释手。如婴戏纹，或者位于碗心，或者位于瓶腹，将肌肤稚嫩、情态活泼的童子置于花丛之中，或一或二，或三五成群，攀树折花，追逐嬉戏，真切动人，生活气息很浓厚。

装饰纹是宋代瓷器艺术成就的一个重要组成部分。许多名窑以各具风格特点的纹样装饰，赋予生活用瓷以美的性格，而宋代瓷器纹样装饰方法的广泛运用和不断创造，丰富了中国瓷器的艺术语言，拓展了瓷器艺术的审美境界。

宋代陶瓷以其古朴深沉、素雅简洁，同时又以千姿百态、各竞风流的形象为我们中华民族在世界工艺发展史上矗立起一座让世人景仰的丰碑。

中国文化遗产

# 三、汝窑

## （一）汝窑和汝瓷

　　汝窑是宋代五大名窑之一，也是五大名窑之首，因为坐落在汝州（窑址在今河南省宝丰县清凉寺），因此被称为汝窑。汝窑所烧制的陶瓷精美绝伦，在中国陶瓷史上享有盛誉，占有重要的地位。

　　从唐代起，汝州所管辖的临汝、宝丰、鲁山等地就有着丰富的陶土和茂密的树林，从蟒川坡上的严和店到东南的罗圈、桃沟、清凉寺直到鲁山断店，方圆百里之内，分布着大量的方解石、钾钠长石、长石砂岩、叶腊石、莹石、硬质高岭土，软质高岭土、石英等制作陶瓷的主要原料。得天独厚的优质资源为这里的陶瓷生产提供了便利条件（从汝州城北的唐代墓中，曾经出土了一件残破的天蓝釉汝瓷碗，是晚唐时期产品。1988 年 9 月，在鲁山县段店古窑址，也发现残破天蓝釉汝瓷缸，同样是唐代早期产品）。勤劳智慧的汝州人民在用泥土制作陶器生活器皿时，由于火候过高烧造出了不同于以往的陶器产品，它们表面光滑细腻，色彩迷人，世上少见。这一偶然的发现激发了汝州制陶艺人们的聪慧技能，在不断的摸索和改进中，制陶技术越来越成熟。

　　物产丰富的汝州本是商家集聚的地方，文化积淀也是由来已久，贞观盛世使汝州经济得到了空前的繁荣。汝州陶器的发展促进了陶瓷业的兴盛，汝州瓷业的兴盛说明汝州早在远古时代，造瓷工艺就已经比较先进。北宋后期，汝窑专为宫廷烧造御用瓷器，即"汝官瓷"，简称汝瓷。汝瓷烧制主要是在宋哲宗元祐元年至宋徽宗崇宁五年（1086—1106 年）的二十年间，后来汝瓷烧制技术因为宋金战乱而失传。南宋时，汝瓷已经非常难得，传世品全世界仅存六十余件，被北京故宫博物院以及台北、上海、英国、日本等博物馆收藏，是举世公认的稀世珍宝。

　　汝瓷胎质细腻，工艺考究，以名贵玛瑙入釉，色泽独特，随光变幻。它的

宋代名窑

89

釉色如雨后晴空的天蓝色，温润古朴，抚摸釉面，平滑细腻，像是美玉。器物表面有蝉翼纹般细小开片，釉下有稀疏气泡，在光照下时隐时现，像晨星闪烁，在胎与釉的结合处微现红晕，给人以赏心悦目的美感。汝瓷有着丰富的文化内涵，它古朴、典雅、宁静、大气，象征着纯洁、平安、吉祥和富贵。对汝官瓷的拥有和欣赏，体现着一个人的社会地位、文化层次和艺术涵养。

由于汝窑采用支钉托烧的叠烧技法，创造了印花青瓷的独特装饰风格，因此成为中原地区的重要窑口之一。特别是北宋以来，瓷业昌盛，各窑口相互竞争，汝窑印花青瓷工艺，传遍四方。汝瓷的装饰，丰富多彩，在民间备受欢迎，所以各地竞相仿制。从目前考古调查可以知道，河南地区宋元以来为民间烧造青瓷的窑口，有原汝州地区的临汝窑、鲁山窑、宝丰窑、郏城（即今郏县）窑，还有许昌五楼村窑、禹县钧台窑、新安城关窑、宜阳窑、内乡大窑店窑以及黄河以北的焦作窑、鹤壁窑、安阳窑等。这些窑口规模不同，装饰技法和艺术风格也各有特色。

临汝窑位于汝州的中心区域，生产规模和工艺技术都处于领先地位，它出产的印花青瓷绝大部分有凸起的阳纹，叶、脉也多用点线纹表现，纹饰题材以缠枝、折枝花卉为主，内容有云山禽鸟、海水游鱼，也有各种花卉图案，比较有名的题材有"莲生贵子""宝塔秋菊""缠枝牡丹""盛夏竹叶""白莲出水""鱼鸭游戏""牡丹莲花""转纹折迭"等。在表现手法上，更是独具匠心，有的花朵盛开，有的含苞欲放，有的海水波澜滚滚，有的则细水涓涓，风平浪静，还有的鱼鸭水中漫游，给人以宁静之感。总体来说，构图严谨，疏密有致，图案清晰，做工精良。汝窑还生产当时的日常生活实用品，既实用又富于装饰，具有浓厚的民间艺术特色。

新安城关窑的刻花装饰工艺精湛，图案清新富丽，在同类窑中工艺出众。以犀利的刀锋、流畅的线条，在同一件制品上内外刻花，更显得潇洒自如。另外，该窑的贴花莲瓣灯、百折洗、刻花莲瓣碗的制作，不仅造型优美俊秀，而且修坯工整精细，显示了新安城关窑制作工艺技术的高超。

宜阳窑产品也善于装饰，器物除一部分光

素无纹外，刻花和印花者占绝大多数，还有少量的划花或刻、划兼作，以及划、刻、剔的制品。在装饰纹样中，以花卉为主，另一种是海水游鱼，花卉题材可分为缠枝、折枝、交枝花卉、团菊纹和莲瓣纹等。除此之外，还有海水波浪纹和游鱼水藻纹。前者使用放射状的波纹，并用篦点衬托，象征着汹涛逐浪；后者则在印有两尾鱼的身旁印上水藻阳纹加以映衬，游鱼形象生动自然，水藻则显平静，颇有静水漫游的气息。

禹县钧台窑汝青瓷的装饰，以印花为主，刻花较少，已发现的刻花汝瓷盒，不仅造型美观，而且刻工精细、刀法熟练，器表满刻菊花图案，盒盖的边缘以鼓钉纹样衬托，具有较强的艺术效果，这类产品属于钧台窑刻花青瓷佳作。

内乡大窑店窑的汝瓷装饰，大部分是凸起的阳纹，纹饰题材大体分为花卉与水生物两类。花卉题材包括缠枝、折枝、交枝花卉和团花纹等，线条流利生动，图案优美大方。而水生动物的题材又可分为两种：一是以海水纹为主，在水浪中有海螺、游鱼、荷叶映衬；另一种是用鱼纹装饰于器物的内底上，图案生动有趣。该窑的印花纹饰和临汝、宜阳、新安窑都有差异，上述各窑印花较浅，施釉后，纹饰虽十分清晰，但用手摸时，仍有低凹的感觉而内乡窑印花标本有的印纹较为高起。上述各窑印花碗的外壁，多刻荷叶筋纹，这在内乡窑中是看不见的，内乡窑保持了自己的独特的图案风格。

正是由于内乡大窑店窑产品丰富，种类繁多，不仅保持了汝窑的传统瓷艺，又具有自己的独特风格，烧造出一批精良作品，因此得到北宋皇宫的赏识，将民窑笼络为官窑或派职官进行监烧。从该窑采集的标本中在一件青釉器的残片上，刻有"窑司"字样，而"窑司"应该是宋代主管窑务的窑司对自己承烧制品窑口进行监烧的实物见证。汝窑为宫廷烧制的御用品，做工精细、胎坚致密、釉层浑厚、清澈温润、青雅素净、质美蕴蓄、光泽柔和、富有水色、开片密布、隐若蟹爪，芝麻花的艺术效果真可谓工艺精湛、技艺卓绝，为我国古代陶瓷发展史谱写了光辉的篇章。

然而由于汝窑为宋皇宫烧制御用瓷器，不仅造价高，而且受到许多限制，所以产量不大。金兵南侵，宋朝南迁之后，汝窑和其他各窑一样，遭到同样的

宋代名窑

厄运，窑废人亡，有些窑工也迁到南方，使得这一精良瓷艺技术失传。金元时期，对恢复汝青釉生产虽然采取了一些措施，但还是日渐衰落。到了明代，已全部停止生产。曾在历史上大放光彩的汝瓷，逐渐被其他产品所代替。

由于文献记载不详，遗址出土很少，汝官窑口在什么地方一直困扰着中国古陶瓷研究人员。自20世纪50年代开始寻找汝窑，直到80年代才在河南省宝丰县发现。经过中央和河南地方文物考古工作者数十年的不懈努力，终于在河南宝丰县清凉寺村找到了为北宋宫廷烧造的御用汝瓷的窑口。

宋代汝窑烧制技艺在失传八百多年后，20世纪50年代又获得了新生。建国后，经过科技人员几十年的奋力攻关，对汝窑遗址反复勘察，又经过多年试验，终于使汝瓷重放异彩，汝瓷天蓝釉试制成功，汝瓷豆绿釉隧道窑一次烧成，汝瓷天青釉、卵青釉和月白釉的试验也先后通过省和部级鉴定，在1986年还获得了国家金杯奖。所恢复和仿制的产品，不仅造型相同，而且釉色相近，有的产品几乎达到以假乱真的程度，深受国内外消费者的欢迎。汝窑的新发现，不仅在陶瓷考古的学术领域取得成果，而且从"古为今用"的角度为陶瓷业的振兴提供了重要的参考资料。

### （二）汝窑瓷器特点

窑瓷器以青瓷为主，釉色有粉青、豆青、卵青、虾青等，汝窑瓷胎体较薄，釉层较厚，有玉石般的质感，釉面有很细的开片。瓷器底部留下细小的支钉痕迹。器、物本身制作上胎体较薄，胎泥极细密，呈香灰色，制作规整，造型庄重大方。器形多仿造古代青铜器式样，以洗、炉、尊、盘等为主。汝窑瓷器最为人们称道的是其釉色。

汝窑瓷器有以下几个特点：

青如天：青釉色在不同的光照下和不同的角度观察，颜色会有不同的变化。在明媚的光照下，颜色会青中泛黄，恰似雨过天晴后，云开雾散时，澄清的蓝空上泛起的金色阳光。而在光线暗淡的地方，颜色又是青中偏蓝，犹如清澈的湖水。

面如玉：青绿釉能从内反射出红晕。釉子稍厚处，如凝脂般将青翠固化，又如腊滴微淌，将玛瑙熔化之后而又将其垂固。釉子稍薄处，如少女羞涩面现昏红，又如晨曦微露，将薄云微微染红。釉面滋润柔和，纯净如玉，有明显酥油感觉。抚之如绢，温润古朴，光亮莹润，釉如堆脂，以素静典雅、色泽滋润纯正、纹片晶莹多变为主要特征。视之如碧峰翠色，有似玉非玉之美。

蝉翼纹：用"蝉翼纹"来形容汝官釉面的开片最为形象。前人用"蟹爪纹"来形容，这里有两种说法。第一种："汁中棕眼隐若蟹爪"，是说釉面上因气泡破裂而产生的棕眼犹如螃蟹走过沙滩而留下的蟹爪印；第二种是形容瓷器表面开片的长短无序，呈不规则交错状犹如蟹爪。一般认为，所谓"蟹爪纹"是在瓷器开片的一条主纹上，另生出一条次纹，形成一个"Y"型（蟹爪），然后在次纹的一边又生出一条次纹，形成又一个小一点的"Y"型（蟹爪）……就像一棵树主干生出大枝，大枝生出中枝，中枝生出小枝一样。

晨星稀：汝窑器釉厚，釉中有少量气泡，古人称为"寥若晨星"，在光照下时隐时现，似晨星闪烁。汝窑瓷片的断面，肉眼可见一些稀疏的气泡嵌在釉层的中、下方。用放大镜于釉面上观察，中层的这些气泡，于釉层内呈稀疏的星辰状，大的如星斗。但是，蕴藏在釉层最底下的另一部分气泡，从釉面上则很难透见。汝瓷在胎体的釉层间，有一排肉眼可见的大小气泡，这类同宋龙泉、南宋官窑等青瓷体系釉内气泡排列有异的景象，属玛瑙釉的又一特征。同时表明，玛瑙的黏度很强，以至于釉内与胎体中的空气在烧制过程中无法正常溢出，较多的被封闭在釉的下层。

芝麻支钉釉满足：高濂的《遵生八笺》说汝窑"底有芝麻细小挣钉"。在器物底部可以看见细如芝麻状的支钉痕，痕迹很浅，大小如粟米，汝窑的钉痕大部分如芝麻粒那么大，这是其他瓷窑所少有的。

棕眼：釉面的气泡在窑中焙烧时爆破后未经弥合而自然形成的小孔。

鱼子纹：鱼子纹是指在汝瓷釉面上有片状泛黄有异于汝瓷天青釉面的色块。对鱼子纹的解析说法不一，一般认为是釉面细小的开片细若鱼子。许之衡《饮流斋说瓷》中写道："汝窑在河南汝州，北宋时所创设也。土脉细润，如铜体，有厚薄，汁水莹润。有铜骨无纹者，有铜骨鱼子者……"但是鱼子纹是汝瓷的非典型特征。

# 四、钧窑

## (一) 钧窑的历史

在中国陶瓷发展史上，钧瓷一直是伴着君王的情感而存在发展的。如果说宋代钧瓷以清纯淡雅的优秀风格卓立于世，那么鼓舞着这种作品问世的，应当是奠定大宋王朝基业的一代霸主——后周的柴世宗。柴世宗酷爱瓷器，常常下旨征求精品力作，"雨过天晴云破处，诸般颜色做得来"便是典型的一个例子。

据考证，"雨过天晴云破处"是一种复合色，以白云悠悠的背景，衬托出一片空澄的蓝天。其高远、幽静、空澄、恬美、优雅、畅怀、悦目、舒心、旷达的审美感受，不只是停留在审美体验上，而是一种动态的理性感悟，有一种渴望，一种征服者的欲望，而这种美，绝不是臆测的当今柴窑瓷器所能达到的，只有阳翟的钧瓷时稳时现地放射出这种美丽的光芒。那种天青天蓝月的优雅审美折射出极尽天涯归路的思辨和感悟，鼓舞着宋代钧瓷的诞生和发展。从某种意义上讲，柴世宗理想的瓷器就是钧窑瓷器。

北宋末年徽宗赵佶在位时烧制的钧瓷最为典型，这也是钧瓷发展史中最为灿烂的阶段，这与崇尚道教、自封为教主道君皇帝的宋徽宗有着密切联系。这位历史上的昏君，虽治国无方，却对艺术有着独特的钟爱和天赋，尤爱钧瓷别

具的神韵。因此，钧瓷以瑰丽多变的釉色、庄重古朴的造型、特殊的审美风仪、丰富的文化内涵，以及别具个性的治世思维，卓立瓷林、入主宫廷，成为真正意义上的御用珍品——君王之瓷。

钧窑是一座官办窑（窑址在今河南省禹州市城内的八卦洞）。北宋后期，为供应皇室需要，从浙中征收大量的珍异花木竹石，称作"花石纲"。为此，朝廷在禹县设

立了官钧窑，烧制各式花盆、奁、鼓钉洗等陈设用瓷，用来盛装精美的花木竹石，可谓相得益彰。当时的制作要求十分严格，器物底部都刻数位，用来表示器物大小，或者用来使盆和托对号入座，不至于弄混。官钧窑生产规模小，烧造时间也短，随着宋朝的南迁而衰败。在元代，其质量已明显不如以前，并于元末停止烧制瓷器。

### （二）钧窑瓷器的特点

在造型方面，宋代钧瓷多以器皿类造型出现，如花盆、花托、瓶、洗、杯、奁、尊、碗、盆、盘、壶、炉等。其中用来养花的花盆类居多，其次是文房用品类的洗、盆等，再次是审美的、寓意权贵的、祭祖用的瓶、尊、炉、鼎等，这三类作品已经从简单的日用品类上升到精神需要，标明钧瓷的功能是致力于审美需要的，突出一种雅的品位。

在釉色方面，宋代钧瓷表现出丰富多彩的风貌，这也是它独具的个性。主色调除天青、月白类外，还有罕见的玫瑰紫、海棠红、玛瑙红、葱绿、豆青、天蓝等。该釉色的出现改写了"青白瓷一统天下的历史"，因此被称为创举，这也是钧瓷对陶瓷业做出的最大贡献之一。

宋代钧瓷釉质莹润、含蓄，呈乳浊状，有着绚丽多姿的审美风韵，"似玉、非玉、胜于玉"说的是宁为玉碎、不为瓦全的民族气节和温文尔雅的做人品质，这样的审美体验也使它成为皇室的喜爱之物。

宋代钧瓷的足部处理最具个性，除圈足外，支足多采用如意之兽处理，隐含有镇宅辟邪的道家传统，同时又含有与天同寿的美好愿望。支足数目多为三足，表示天地人三才合一，三位一体，追求天人合一的境界。

从烧成工艺方面看，它已具备了当今钧瓷烧制的工艺特征，素烧强固胎体，釉烧呈光泽色彩的二次烧制工艺，这在钧官窑遗址中可找到证据。在施釉方面还表现在足底施满护胎釉，支钉烧成，这是五大历史名瓷共同的特征，是御用官瓷精细的标志之一。

钧瓷的传世品以尊、炉、瓶、洗、花盆、盆托居多。

### （三）钧窑瓷器的一些传说

#### 1. 钧瓷底码

传世的宋代钧官窑产品中，以底部刻有汉字数码的钧瓷最为珍贵。关于底码还有这样的传说：从宋朝徽宗开始，钧台窑被宫廷所垄断，产品器型都要按皇宫设计的样式进行生产，并定期向皇宫进贡。仁宗时期，又到了进贡瓷器的日子，钧台窑一个姓杨的督窑官，把烧好的钧瓷挑了又挑，共挑得葵花式花盆及盆托十套、莲花式花盆及盆托十套、其他样式花盆及盆托十套、鼓钉洗大小六套，共计三十六套钧瓷精品。

他将这三十六套钧瓷送到汴京，先要送到王府，经内务大臣王强过目。这王强是个奸臣，也是个贪官。他查看完三十六套钧瓷后，问督窑官："还有没有？"杨督官答："就这些，没有了。"王强的意思是，凡到我王府来的人，谁不送点礼，上点儿货什么的，你不可能就这么空着手来。杨督官是个老实人，直性子，他哪懂得王府的这些规矩，也听不出王强的话外音。就为这，王强非常不高兴，对杨督官怀恨在心。等杨督官一走，王强就开始打起了坏主意：干脆把钧瓷砸碎几件，就说督窑官失职，路上把皇上心爱的宝贝给打烂了。又一想，不行，这三十六套钧瓷可是完整无缺地送到我王府来的呀，这事人人皆知。要说打烂的话，岂不是引火烧身，搬石头砸自己的脚吗？王强思前想后，没了主意。

却说王强有个幕僚，叫苟耀仁，这家伙一肚子坏点子。他见自己的主子愁眉不展，问清缘由后，眼珠一转，对着王强的耳朵耳语了几句，王强听着，脸色由阴转晴，一会儿变得眉开眼笑，连声说："妙！妙！"

第二天，王强上朝把三十六套钧瓷送到宋仁宗跟前。宋仁宗一看釉色，很高兴，再一看器型，又变得很不高兴。原来，这些花盆与盆托都不配套，小花盆放在大盆托上，大花盆放在小盆托上，有的甚至放不下，十分难看。这就是苟耀仁给王强出的坏主意。眼看着宋仁宗就要发怒，王强在一旁暗暗高兴："姓杨的，这回不砍你的头，也得革你的职！"满朝文武大臣也面面相觑，不敢言语。正当这关口，从文臣行列里走出一人，大家一看，是宰相寇准。这寇准是个大清官，他看出王强这个奸贼又在使坏，就对宋仁宗说："启禀皇上，臣有本启奏。"仁宗说："爱卿请讲！"寇准说："这些花盆和盆托不是不配套，而是摆放得不对，请允许督窑官再摆一次。"仁宗准奏，传督窑官入朝。杨督官就把花盆和盆托重新摆放一遍。这样一来，花盆与盆托大小配套，恰到好处。宋仁宗转怒为喜，赏了些银两给杨督官，就让他下殿回钧台官窑场去了。

　　杨督官回到钧窑场，犯了愁，思前想后，觉得在朝廷上若不是寇准大人给讲情，差点儿把性命给丢了，这王强也太坏了。明年还要进贡钧瓷，王强若要再加害自己怎么办？为这事，杨督官是饭也吃不下，觉也睡不好，想不出个好办法。

　　一天晌午，窑工们正在吃饭，有个要饭的白胡子老头儿颤颤巍巍地来到钧窑场乞讨。这老头儿穿得破破烂烂，浑身肮脏。有人见了想把他撵走，杨督官拦住说："谁没有个难处，给他些饭菜吧！"白胡子老头儿就在这里吃了一顿饱饭。吃完饭，那老头儿对杨督官说："老夫已经好长时间没有吃过饱饭了，你真是一个好人。老夫临走时送你几句话，可能对你有用处。一对一，二对二，背朝天，写数位。"说完，那白胡子老头儿就走了。杨督官听得真切，心想：看那白胡子老头儿不像凡人，莫非是知道我的心事，特来点化于我？但这几句话又是什么意思呢？杨督官想呀，想呀，整整想了三天，功夫不负有心人，最后终于解开了这几句话的含义。这"一对一，二对二"是说同一型号的花盆配同一型号的盆托；"背朝天，写数位"是说把产品翻过来，底朝天，在上面刻上数码字。杨督官想：有了数码为证，花盆配套时就不会出差错，往后就不怕奸臣使坏了。

　　从那以后，钧台官窑烧制的钧瓷花盆与盆托底都刻上了底码。到后来，只要是同一器型但不同尺寸的钧瓷，也都刻上了底码，表示大小区别。所以，今天我们看到的传世宋代钧官窑产品，很多底部都刻有数码。

　　2. 钧瓷的蚯蚓走泥纹

　　据说禹州城北关的颖河水很深，水里边生活着鱼鳖虾蟹等水族。水族有个共同的首领，叫头王。这头王至高无上，掌握着水族们的生杀大权，厉害得很。

蚯蚓那时候也生活在水里，和螃蟹、虾一样，在水里游来游去。蚯蚓还和螃蟹是很要好的朋友。

有一天，螃蟹头上的两个钳子无意间夹断了虾的两根长须，虾就到头王那里去告状。虾偷偷送给头王一颗米粒大的夜明珠，头王一见十分欢喜，就收下了。常言道：吃人家的嘴软，拿人家的手短。头王受了贿，就向着虾说话，于是判螃蟹死罪，要用炉火烧死螃蟹。

蚯蚓听说了这事，心里不平，就去找头王评理，头王哪能听得进去，不由分说，也判蚯蚓与螃蟹同罪，一块处死。

两个行刑的水鬼押着螃蟹和蚯蚓来到岸上，四处寻找有炉火的地方。转来转去，来到颍河南岸的钧窑场，刚好有窑工们正在装窑。两个水鬼就乘人不备，把螃蟹和蚯蚓装进了放钧瓷釉坯的笼里。螃蟹趴在一个鸡心盘上，蚯蚓爬进了一个鼓钉洗里。两个水鬼在暗地里看着窑工们把窑装齐，封住了窑门，就返回水里向头王复命去了。

一会儿，窑工们就把窑点着了火。顿时窑里烟雾弥漫，熏得螃蟹直流眼泪，眼泪都涌在了鸡心盘上，它受不住了，就挣扎着往盘外爬，终于爬出了盘子。这时，窑里温度已升起来了，螃蟹还是被烧成了灰。蚯蚓也从鼓钉洗里往外爬，但鼓钉洗边沿儿高，蚯蚓爬得又慢，没多会儿也被烧成了灰。

这窑钧瓷住火后开窑，窑工们发现有一个鸡心盘里，出现了不少像螃蟹爪子一样的纹路，并且有很多珍珠点；有一件鼓钉洗上出现了很多像蚯蚓一样的纹路。窑工们觉得这两种纹路很好看，就分别起名叫"蟹爪纹"和"蚯蚓纹"。

说来也怪，以后凡是在这个窑里烧出的钧瓷，窑窑都有一两件带蟹爪纹和

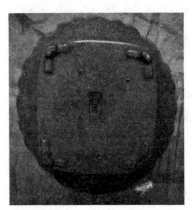

蚯蚓纹的，间或还有珍珠点出现。窑工们都感到神奇，不知是怎么回事。但是颍河里的水族们知道这是由于螃蟹和蚯蚓是被冤枉的，不该死罪硬被判成死罪的缘故。螃蟹和蚯蚓被炉火烧死后，蚯蚓的后代们觉得这个头王太不公道，不想再在水里受欺负，就搬家来到了陆地上，拱到土里去待着。但完全离开水还不行，看哪儿湿，就往哪儿去，还经常在湿泥地上爬来爬

去。后世的人见了，知道蚯蚓会拱土、走泥，人们就把"蚯蚓纹"改称为"蚯蚓走泥纹"。

3. 钧瓷的鸡血红

清朝末年，禹州神后镇有个老窑工名叫王金。王金老伴去世早，身边只有一个养子，家境贫困，靠捏泥巴烧窑糊口。

一天夜里，王金在梦里听见有人轻轻喊他："王金醒来，王金醒来！"王金睡得正香，心里很是不快，看看周围连个人影也没有，翻个身又睡着了。不大一会儿，只见一道红光，把小屋映得如同白天。王金爬起来一看，一位红光满面的白发老人坐在床前。老人对王金说："你辛苦劳累了一辈子，一直不得温饱，立志为穷人烧造精美的钧瓷，可是不得秘诀。老君叫我点化你，但仙凡有别，天机不可泄露，我写两个字，你可以慢慢领悟。"说罢，拿起一根木棍儿在地上划起来。王金细看，原来是"心血"二字。他不解其中意思，正要细问，老人把手一摆，捋着胡子说："你不必多问，天机不可泄露。得秘诀以后，子孙相继，不可盘剥他人，不然上天不容。"老人说罢，转眼不见了踪影。

第二天，王金醒来，原来是一场梦。说起王金的手艺，真是百里挑一，他捏出的盆、罐、鸟、兽等对象，造型巧妙，做工精细，活灵活现，但是就因为掌握不了火候变化规律，釉色不好，这使他很伤脑筋。看看自己已是两鬓白发，一生愿望不能实现，很是痛心。眼下仙翁指点，需用"心血"才能成功。可这"心血"又到哪里去找呢？王金左思右想，也没办法。最后拿定主意，决心自己以身试火，以身心换取烧造钧瓷的良方。

王金主意已定，把养子王小叫到跟前。这王小是外乡人，因家乡连年荒旱，颗粒不收，父母被饿死，逃荒来到神后镇。王金见他聪明、勤快，就把他收为养子。王金把自己梦见仙翁指点，准备以身试火寻求烧瓷秘诀的事告诉了他。王小虽说是养子，对王金比亲生父亲还要孝顺。他听说爹爹要这样做，"扑通"一声跪倒在王金跟前，哭着说："爹爹万不可这样做，仙翁要你寻求烧瓷秘诀，不是叫你去送死啊！"王金拉起王小，说："为了窑家万代昌盛，我情愿这样，你不必多说了。"王小见父亲主意已定，一时劝不过来，就暗自留心关照好父亲。

这一天，父子俩装好窑，生起了火。一连烧了三天三夜，只见窑里浓烟滚滚，不见火苗往上蹿。以往只烧三天就能挂色，可这回情况实在反常。王金双眼布满血丝，扭过头对王小说："孩子，你去给我拿个馍来！"王小不知是计，回身拿馍去了。王金眼望苍天，嘴里咕哝着说："苍天若是有灵，不负老汉一生心血。"说罢，脱去衣服，爬上窑顶，纵身跳进熊熊的窑火里。

这时，可急坏了那白发仙翁，他在窑旁边整整守了三天三夜，只等今晚助王金一臂之力。谁知王金错解天意，只身跳进了窑火里。他跺着脚，叹了口气说："罪过！罪过！"看着事情已不可挽回，随手点化，只见窑里浓烟消失，红浪翻滚。王小拿馍回来，见父亲的衣服脱在窑口，知道父亲投火身亡，大哭一声，昏死过去。

王小昏死后，魂魄不散，转悠悠来到大刘山上，看见一位白发老翁正和爹爹谈话。王小急忙赶到跟前，拉住老翁说："老仙翁，求求你救救俺爹吧！"老翁面带愧色说："这是天意，命该如此。以后你继承父业，救济穷人吧。"说罢，拉着王金飘上天空。王小醒来抬头一看，半空中飘下一张纸条，上面写着：可用鸡血代替。

王小哭着对乡亲们说了原委，并在烧钧瓷时用鸡血祭窑。果然，出窑后的钧瓷釉色非常好看，最好的就算鸡血红了。另外还有玫瑰红、海棠红、茄皮紫等颜色。从此，钧瓷里添了一种珍品鸡血红。

后来人们为了纪念王金，在神后的窑堂里和窑前都塑起了王金火神像，以保佑烧窑不出事故。现在还有人传说，在窑火点燃三天三夜的时候，还能看见王金的身影呢。

### 4. 金骨花釉

古时候，在禹州有个窑工叫小军，以烧雨过天晴色钧瓷为生。小军为人忠诚厚道，勤劳朴实，心肠也好。

有一天，小军上山去找土，看见路边有一个月季花骨朵儿不知被谁踩倒了，赶紧跑过去把它扶正，又用一根棍把它支好，然后就走了。?到了晚上，小军做了个梦，梦见一个姑娘来到他面前。那姑娘说她是月季仙子，白天多亏了小军搭救，不然的话就命丧黄泉了。为感谢小军救命之恩，特来告诉小军两件事：一是山的最高峰尖上有种金矿石，山脚下有一种铁矿石，山的左边有一种铜矿石，山的右边有一种锡矿石，山的正中间有一种银矿石，把这几种矿石都采回来，可以配成钧瓷胎骨；二是山上的月季花每月开一次，每次开的颜色都不同，每月月中当花开得正艳时，可以上山采集月季花配成釉药。这样，烧的钧瓷就会变得十分好看。说完这些，月季仙子就不见了。

小军醒来，将信将疑，抱着试试看的想法，扛着镢头挎着篮子上山了。还真不假，小军在山顶刨了五十下，刨出了黄澄澄的金矿石；在山脚下刨了五十下，刨出了红鲜鲜的铁矿石；在山左边刨了五十下，刨出了亮闪闪的铜矿石；在山右边刨了五十下，刨出了黑黝黝的锡矿石；在山正中间刨了五十下，刨出了白亮亮的银矿石。小军高兴地把这五种矿石扛回了家，用碓杵杵碎配到钧瓷胎骨里。

每月月中，等山上的月季花盛开时，小军就到山上去采集各色月季花来配成釉药。一年十二个月，月月如此。

钧瓷的胎骨配成了，釉药也配成了。小军又用了五十天时间，终于烧出了五颜六色的像盛开的月季那样美丽的钧瓷。俗话说：真金不怕火炼，真铁不怕火锻。在小军烧的钧瓷花瓶口沿上都有一圈金边，瓶的底足是铁色的，这叫"金口铁足"，是金矿石和铁矿石在胎骨里起的效应。那么铜、锡和银矿石呢？这几种矿石经火一烧，高温下都与胎骨化成一体，变成灰色的了，所以钧瓷胎是灰胎。

后来，人们都说钧瓷的胎骨是金、银、铜、铁、锡五种金属变成的，钧瓷的釉色是月季花变成的，合在一块就叫"金骨花釉"。

# 五、官窑

## (一) 官窑的历史

官窑是宋徽宗政和年间在京师汴梁（今河南开封）建造的，窑址至今没有发现。宋官窑是中国历史上第一个真正意义上的宫廷御窑，皇家宫廷画院画样，选民间能工巧匠，不惜工本，精心制作。生产产品全部归宫廷所有，由皇家独享。再加上工艺对民间严格保密，使宋官窑越发显得神秘。现在很多人还不能弄清宋官窑仿制品与真品之间的巨大差别，而且宋代官窑瓷器历代没有出土的记录。由于战火和黄河多次改道，北宋官窑遗址埋藏在开封地下难以考证，开封地下水位很高，汴京官窑遗址之谜恐怕将成为千古之谜，只有南宋官窑有考古发现。所以许多的工艺失传，许多的工艺水平即使现代都难以达到。可以说，宋朝遗留下的官办瓷器几乎都价值连城。

元朝相信武力制国，所以最高统治者大部分是马上皇帝，一般都会武功、骑马射箭，精通战术。在元朝时战争频繁，为扩展疆土、平息叛乱而经常打仗，所以最高统治者没有时间享受。统治期间由于元青花瓷器的出现，审美的转移，再加上元人不喜欢具有文人含蓄、幽雅特点的宋官瓷器，在消灭南宋的过程中，元兵进城时不但烧毁了南宋临安京城（今杭州）的绝大部分宫廷建筑和皇家设施，而且还挖掘了南宋历代帝王的陵墓并全部破坏、捣毁，连同南宋官窑窑厂一起摧毁。在元大都（今北京），有元人武士用官、汝瓷器换牛肉吃的故事。用于祭祀、观赏、陈设用的官窑器本来产量就少，窑厂的被毁，更是对宋官窑瓷器数量造成了空前的浩劫。

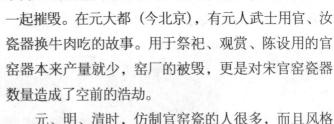

元、明、清时，仿制官窑瓷的人很多，而且风格各异，被称为仿官窑或官釉，但他们的制作工艺已不能与宋代官窑相媲美。北京故宫博物院和台北故宫博物院收藏的历代宫廷旧藏官窑与哥窑名瓷，再加上流散在海内外的，总数也不过三百件左右，以至于个别

名瓷破损残片也被视为至宝，宋官窑瓷之名贵由此可见一斑。由于宋代官窑是中国瓷器历史上第一个真正意义上的宫廷御窑，带有贵族成分，也特别适合文人与士大夫的审美情趣，清乾隆帝特

别欣赏宋代官窑与哥窑，作诗称赞说："铁足圆腰冰裂纹，宣成踵此夫华纷。"所以数百年来，尤其明清两代皇家极力收藏官窑瓷。

### （二）官窑瓷器特点

官窑主要烧制青瓷，大观年间，官窑以烧制青釉瓷器著称于世。主要器型有瓶、尊、洗、盘、碗，也有仿周、汉时期青铜器的鼎、炉、瓿、彝等式样，器物造型往往带有雍容典雅的宫廷风格。其烧瓷原料的选用和釉色的调配也甚为讲究，釉色以月色、粉青、大绿三种颜色最为流行。官瓷胎体较厚，天青色釉略带粉红颜色，釉面开大纹片，这是因胎、釉受热后膨胀系数不同产生的效果，也是北宋官窑瓷器的典型特征。北宋官窑瓷器传世很少，十分珍稀名贵。宋代官窑瓷器不仅重视质地，且更追求瓷器的釉色之美。其厚釉的素瓷很少施加纹饰，主要以釉色为装饰，常见天青、粉青、米黄、油灰等多种色泽。釉层普遍肥厚，釉面多有开片，这种开片与同期的哥窑有很大不同，一般来说，官窑釉厚者开大块冰裂纹，釉较薄者开小片，哥窑则以细碎的鱼子纹最为见长。

真正的宋代官窑精品尤其体现在釉质上：釉层滋润，介于丝绸光泽与"羊脂"般的美玉质感之间，鱼子纹的晶莹奇妙之处不可言传，却与"做旧"后的乌光质感绝然不同。由于技术的保密，使得后世的收藏家与制瓷专家们只能用各种方法去猜测它的工艺。像这种如玉的釉质，古朴淡雅的"油酥光"仿制起来非常困难，始终不知它的秘诀。宋官窑器给人的印象是乍一看时并不起眼，但如果长时间品味，则会被那份特别的历史沉淀与淡雅的含蓄之美深深吸引，令人回味无穷。宋官窑器手感平滑细腻，釉色莹润如玉青中泛红，像是涂了一层粉。表面虽然晶莹光亮却没有一般青瓷那种浮光，闪现着含蓄温润的光泽，精光内蕴，有凝重深沉的感受。在不同光线条件下呈现相对差异的色泽，在强

光线下釉如翠一般透亮，在弱光线下如脂玉般润滑，也是宋官窑青瓷器的特点。遍身鱼子纹（有细眼似的叫"鱼子纹"），迎光斜视，闪着点点的结晶。釉像翡翠色，呈现出酥蜡泪痕堆脂状，因此，器上常有无釉之处，显露出棕灰色胎骨，当时的风尚颇以这样的釉汁不均匀现象为美。

由于北宋官窑至今没有找到窑址，文献记载也很少，从故宫博物院所藏传世品看，被认为是北宋官窑的这批瓷器的胎子是紫黑色的，施釉很厚，莹润如堆脂，粉青或天青色，开稀疏的大纹片。施釉后略有流淌，口部等釉薄的地方隐约露出胎色。因此，紫口是北宋官窑的一大特点；裹足支烧、器底有芝麻钉痕迹是另一大特点。

官窑和汝窑一样，以釉色为美，没有纹饰，立器只有凹下或凸起的弦纹或边棱。器型种类较少，除了盘、葵口洗以外，多仿古青铜器的造型，如长颈瓶、贯耳瓶、贯耳尊、兽耳炉等。宋室南迁后，在临安（今杭州）建都。从已出土的大量瓷片看，南宋官窑瓷器的胎子呈深灰、灰褐、灰黄等色。胎有薄厚两种，即胎厚釉薄的和胎薄釉厚的。釉厚的瓷片从断面可看出施釉痕迹，一层一层很清晰。釉子温润似玉，也有比较光亮的。釉色有粉青、天青、灰青等，开比较细碎的纹片。南宋官窑既有裹足支烧的，也有垫烧的，器底大而薄的往往采用支烧与垫烧共用的方法来保证质量。

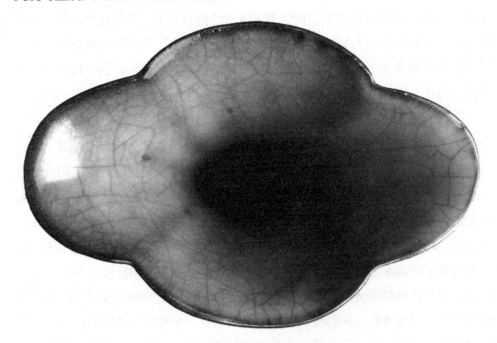

# 六、哥窑

## （一）哥窑的历史与传说

哥窑是宋代五大名窑之一，窑名最早在明初宣德年间的《宣德鼎彝谱》中出现。在嘉靖四十五年刊刻的《七修类稿续稿》讲哥窑和龙泉窑都在处州龙泉县，在南宋时有一对姓章的兄弟俩一起开办窑口烧制瓷器。哥哥的窑口被称为哥窑，而弟弟的以地名作为窑名，就叫龙泉窑。在《处州府志》、清代蓝浦《景德镇陶录》和《南窑笔记》中也有类似的介绍。

哥窑在唐代就有一定的知名度，在唐代《肆考》中已经有记载。

关于哥窑还有一个传说：宋代龙泉县，有一位很出名的制瓷艺人，叫章村根，有两个儿子，生一和生二。章村根因为擅长烧制青瓷而闻名遐迩，而生一、生二兄弟俩自小随父学艺，老大章生一厚道、肯学、能吃苦，深得其父真传，章生二亦有绝技在身。章村根去世后，兄弟分家，各开窑厂。老大章生一所开的窑厂即为哥窑，老二章生二所开的窑厂即为弟窑。兄弟俩都烧造青瓷，都各有成就。但老大技高一筹，烧出"紫口铁足"的青瓷，一时间名满天下，名声甚至传到了皇帝那里，皇帝指名要章生一为他烧造青瓷。老二心眼小，非常妒忌，趁哥哥不注意，把黏土扔进了章生一的釉缸中，老大用掺了黏土的釉施在坯上，烧成后一开窑，他惊呆了，满窑瓷器的釉面全都开裂了，裂纹有大有小，有长有短，有粗有细，有曲有直，而且形状各异，有的像鱼子，有的像柳叶，有的像蟹爪。他欲哭无泪，痛定思痛之后，重新振作精神，他泡了一杯茶，把浓浓的茶水涂在瓷器上，裂纹马上变成茶色线条，又把墨汁涂上去，裂纹立即变成黑色线条，这样，不经意中形成了"金丝铁线"。

## （二）哥窑瓷器特点

至今在浙江省龙泉县始终未找到确切的哥窑窑址，因此，当前学术界对哥窑传世的器物和窑址的存在有很大的争论。争论归纳起来大致集中在以下几个方面：第一，窑址的地域归属。由于哥窑瓷器的胎体大多呈黑灰、深灰之色，而浙江省文物管理委员会于1956—1961年在龙泉县的大窑、溪口等窑址发现黑胎的开片青瓷，它们的特征与传世的哥窑作品有一定的相似，因而认为"大窑、溪口窑址中出土的黑胎青瓷应当是哥窑的产品无疑"。对此，中国科学院上海硅酸盐研究所有不同的看法，他们通过对龙泉县黑胎青瓷和传世哥釉胎釉的化学组成和显微结构测试，发现有一定的区别，因此认为"传世哥窑不在龙泉烧造之说是可以接受的"，他们进而提出："传世哥窑在好多方面都和景德镇的同类作品比较接近。"因而"很可能是宋以后景德镇所烧造"。哥窑是否为景德镇所烧造，没有窑址出土物为证，难以使人信服。第二，从窑口本身来说，有人认为"修内司官窑就是传世哥窑"。这种新的见解，本身就否定传世哥窑的存在，因此，当前难以取得一致的意见。

对哥窑的时代也有不同的看法，就当今收藏最多的北京故宫博物院和台北故宫博物院的传世哥窑作品来看，形制多属瓶、炉、洗、碗一类器皿，造型富有宋瓷的时代风格。因此，哥窑瓷还是宋代所烧造的一种青瓷器物。至于窑址究竟在哪里，只能寄希望于日后的窑址调查和考古发掘。

哥窑瓷器的造型除碗、盆、洗以外，还有各式的瓶、炉、尊等。贯耳炉是比较多见的器物，故宫博物院收藏的"宋哥窑贯耳炉"可以说是哥窑瓷器的代表作。此炉侧影近似长方形，它的外廓线表现为口沿以下向内收缩，而器腹微微外凸，这样一收一凸的器体弧线显得十分饱满有力；两旁配置的双耳向外扩

张，在造型上增强了器物庄重、凝重的效果。加之哥窑瓷器的釉层比较肥厚，更给人以浑厚、稳定的感受。作为当时祭祀和供神用的一件陈设瓷，这种贯耳炉恰如其分地体现出它应有的职能。

传世哥窑瓷器为数不少，而且分为早期晚期的作品。《格古要论》对旧哥窑与新哥窑的记载是值得重视的，曹昭对新哥窑的解释是：凡是成群成对的就属于新哥窑的作品，换句话说，旧哥窑大都是单件的，成群成对的非常少。南宋时期的哥窑作品现在大多数分别藏于北京故宫博物院、上海博物馆

及台北故宫博物院，流散到国外的为数也不少，其造型有各式瓶、炉、洗、盘、碗和罐。论胎有薄厚之分，其胎质又有瓷胎与砂胎两种，胎色有黑灰、深灰、土黄多种色调；釉色也有粉青、月白、油灰、青黄各色。从时间上来讲，这里应有早晚之别；从产地说恐怕也不是出于一个瓷窑。从明代开始出现了大量的仿哥窑瓷器，到了清代发展到了顶峰，其逼真程度往往令人难以分辨真假。

哥窑瓷器特征：（1）哥窑釉属无光釉。犹如"酥油"般的光泽，色调丰富多彩，有米黄、粉青、奶白等。（2）"金丝铁线"的纹样。哥窑釉面有网状开片，或重叠犹如冰裂纹，或成细密小开片（俗称"百圾碎"或"龟子纹"），以"金丝铁线"为典型，也就是较粗疏的黑色裂纹交织着细密的红、黄色裂纹。（3）"聚沫攒珠"般的釉中气泡。哥窑器通常釉层很厚，最厚处甚至与胎的厚度相等，釉内含有气泡，如珠隐现，犹如"聚沫攒珠"般的美韵，这是辨别真假哥窑器的一个传统的方法。（4）"紫口铁足"的风致。哥窑器坯体大都是紫黑色或棕黄色，器皿口部边缘釉薄处由于隐纹露出胎色而呈黄褐色，同时在底足未挂釉处呈现铁黑色，由此可以概括为"紫口铁足"，这也是区别真假哥窑器的传统方法之一。

# 七、定窑

## （一）定窑历史

定窑为宋代北方著名瓷窑，窑址在今河北曲阳涧磁村。古陶瓷学者通过大量的考古发现和多年研究，对定窑瓷器进行了这样的分期：分为唐代早期至中期、晚唐至五代、北宋早期至中期、北宋晚期至金代四期。

瓷器艺术风格的变化是复杂的，受到政治、文化、宗教、工艺以及人们审美意识等多种因素的影响，并不完全随着时代的更替而变化。一种成熟产品的生产周期往往是跨时代的。

第一期（唐代早期至中期）是定窑由创始逐步走向成熟的初级阶段。从窑址出土的瓷片标本看，叠压在最底层的是一些粗胎黄釉瓷和褐釉瓷，其中数量最多的是一种外黄釉内白釉浅腹平底碗，此外还有少量直口深腹碗。这两种碗的造型都具有唐代早期的典型风格，显然是定窑初创时期的产品。而窑址出土的黄釉席纹执壶、三足炉以及一些加施化妆土的白釉瓷，胎色虽仍较深，但胎质坚硬细腻，釉面明亮光润，与早期相比在工艺技术和整体质量上都有明显提高，因此，应当是唐代中期的产品。定窑在唐代中期已经基本上完成了由黄釉瓷向白釉瓷的过渡，此时白釉瓷绝大部分仍需使用化妆土，但胎质和釉色差异较大，其中部分高档产品已经接近或达到了精白瓷的水平。由此可见，唐代中期定窑正处在由粗向精逐渐过渡的阶段。

第二期（晚唐至五代）是定窑烧瓷历史上的第一个高峰。烧制精白瓷的技术此时已经完全成熟，产品胎体洁白，从断面看瓷化程度很高。釉色及釉面质量虽然仍不够稳定，但光亮莹润、釉色洁白的已经占多数。科学测试的数据表明，此时定窑白瓷胎、釉的质量达到了历史顶峰，其品质远远高于宋、金时期的刻花、印花白瓷，其中薄胎白瓷普遍具有较好的透影性。

第三期（北宋早期至中期）是定窑装饰艺术发生

明显转变的时期。经过晚唐、五代的发展，定窑已经完全掌握了生产高档白瓷的技术。在此基础之上，除了造型不断变化创新外，开始注重对器物的装饰。这一时期定窑瓷器的装饰主要以深刀雕刻的莲瓣纹和大朵缠枝牡丹为主，同时也有少量采用针状工具划刻的浅细纹饰。技法与纹饰主要是模仿越窑和耀州窑，装饰风格尚未形成自己的特点。

1985 年至 1987 年，河北省文物研究所对定窑进行再次发掘，在北宋中期文化层中，出土有刻线遒劲、花纹飘逸、别具一格的刻花白瓷与纹饰清晰有浅浮雕之美的印花白瓷残器。北京丰台辽墓也出土有刻萱草纹六花口盘。这表明北宋中期定窑装饰工艺处于转型阶段，为北宋后期刻花与印花装饰工艺的纯熟与盛烧，为定窑独具一格的装饰风格的形成，开启了先河。

北宋早期纪年墓葬、塔基中出土的定窑瓷器较多，北宋中期纪年墓葬出土的定窑瓷器相对贫乏。

第四期（北宋晚期至金代）是定窑的鼎盛时期。刀法流畅飘逸的刻花瓷器、画面繁缛富丽的印花瓷器以及成熟的覆烧工艺，标志着定窑进入了历史上最为辉煌的时期。古籍中对定瓷的记载、描述以及国内外博物馆收藏的定窑瓷器，也大多属于这一时期的产品。此时定窑瓷器主要以精美的刻花、印花见长，在早期刻划花装饰的基础之上，定窑的制瓷匠师逐渐摸索出一套适合薄胎白瓷的多齿刀具刻划花工艺，装饰纹样已日臻成熟。纤秀流畅、生动自如的线条充满了动感与活力，而富丽别致的印花工艺不仅将图案纹饰的装饰作用发挥得淋漓尽致，而且起到了规范器物尺寸规格的作用，非常适合大规模生产。

北宋后期出土定窑瓷器的纪年墓葬很少，曲阳县北镇村出土的三件纪年印花模子和英国大英博物馆、大维德基金会收藏的三件纪年印花模子也是判定这一时期印花瓷器风格的重要依据。

定窑窑址是规模最大、最集中的窑场，窑址在河北曲阳。曲阳盛产汉白玉，是石刻之乡，人民英雄纪念碑就是曲阳人民捐刻的。曲阳人的雕刻技艺在瓷器上更不能浪费，所以定窑瓷是五大名窑中雕刻最好的瓷器。这里有十几处高大的堆积，最高的 15 米，堆积着众多的瓷片、窑具、炉渣、瓷土等。从遗址地层叠压关系看，遗址分晚唐、五代和北宋三个时期，1986年被列为全国重点文物保护单位。

到20世纪70年代，定瓷在沉寂了多年之后又进入了复苏期。曲阳定瓷有限公司历尽艰辛，通过上百次研究实验，在仿古的基础上，推陈出新，成功研制了仿古、美术、日常三大系列工艺产品二百多种，产品在国内展出屡屡获奖，产品已远销美国、日本、加拿大、荷兰等十几个国家。

### （二）定窑瓷器特点

定窑产品以白瓷为主，也烧制酱、红、黑等其他名贵品种，如黑瓷（黑定）、紫釉（紫定）、绿釉（绿定）、红釉（红定）等，都是在白瓷胎上，罩上一层高温色釉。元朝刘祁的《归潜志》说："定州花瓷瓯，颜色天下白。"由此可见，定窑器在当时不仅深受人们喜爱，而且产量较大。宋代大诗人苏东坡在定州时，曾用"定州花瓷琢红玉"的诗句来赞美定窑瓷器的绚丽多彩。

定窑还有北定、南定之分。北宋之前，定窑窑址在北方的定州，这时烧制的物品称为北定；宋室南迁之后，定窑工人一部分到了景德镇，一部分到了吉州，称为南定。在景德镇生产的釉色似粉，又称粉定。

定窑生产规模宏大，品种繁多。多为碗、盘、瓶、碟、盒和枕，亦产净瓶和海螺等佛前供器，但数量极少，主要是作为贡品进入宫廷。故宫博物院收藏的定州白瓷孩儿枕是定窑瓷器的代表作之一。

定窑的胎质薄而轻，胎色白而微黄，不太透明，釉呈米色，施釉极薄，可以见胎。釉色洁白晶莹，很多积釉形状似泪痕，被称为"蜡泪痕"，隐现着黄绿颜色。在器物外壁薄釉的地方能看出胎上的旋坯痕，俗称"竹丝刷纹"。北宋早

期定窑产品口沿有釉，到了晚期器物口沿多不施釉，称为"芒口"，芒口处常常镶金、银、铜质边圈以掩饰芒口缺陷，这是定窑的一大特色。

宋代瓷窑装烧技术最为重要的成就，就是发明了覆烧法和火照术，定窑就大量采用覆烧方法，还使用了一种垫圈式组合匣体。这种烧

中国文化遗产

制方法的优点是最大限度地利用空位空间，既可以节省燃料，又可以防止器具变形，从而降低了成本，大幅度地提高了产量，对南北瓷窑都产生过很大影响，对促进我国制瓷业的发展起了重要作用。

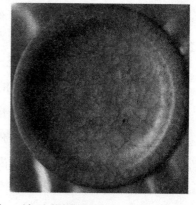

定窑器以其丰富多彩的纹样装饰而深受人们喜爱。装饰技法以白釉印花、白釉刻花和白釉划花为主，还有白釉剔花和金彩描花，纹样秀丽典雅。北宋早期定窑刻花、构图、纹样趋简，以重莲瓣纹居多，装饰有浅浮雕之美。北宋中晚期刻花装饰精美绝伦，独具一格。装饰图案常用印花、划花和堆花手法，秀丽典雅。印花图案自然，形态经巧妙变形，构成严谨，刻划花比印花更活泼生动，别具一格。

划花是宋代定窑瓷器的主要装饰方法之一，通常以篦状工具划出简单花纹，线条刚劲流畅、富于动感。莲瓣纹是定窑器上最常见的划花纹饰，有的一花独放、双花并开、莲花荷叶交错而出，有的还配有鸭纹，纹饰简洁富于变化。立件器物的纹饰大都采用划花装饰，刻花的比较少见。早期定窑器物中，有的划花纹饰在莲瓣纹外又加上缠枝菊纹，总体布局显得不太协调，这是当时尚处于初级阶段的一种新装饰手法，也给定窑器断代提供了一个依据。

刻花是在划花装饰工艺基础上发展起来的，有时与划花工艺一起运用。如在盘、碗中心部位刻出折枝或缠枝花卉轮廓线，然后在花叶轮廓线内以单齿、双齿、梳篦状工具划刻复线纹。纹饰中较常见的有双花图案，生动自然，有较强的立体感，通常是对称的。定窑刻花器还常常在花果、莲、鸭、云龙等纹饰轮廓线一侧划以细线相衬，以增强纹饰的立体感。

定窑纹饰中最富表现力的是印花纹饰。这一工艺始于北宋中期，成熟于北宋晚期。最精美的定窑器物纹饰在盘、碗等器物中心，这类器型内外都有纹饰的较少。定窑器物纹饰的特点是层次分明，最外圈或中间常用回纹把图案隔开。纹饰总体布局线条清晰，形态经巧妙变形，繁而不乱，布局严谨，讲究对称，层次分明，线条清晰，工整素雅，艺术水平很高。定窑印花大多印在碗盘的内部，里外都有纹饰的器物极为少见。

定窑印花题材以花卉纹最为常见，主要有莲、菊、萱草、牡丹、梅等，花

111

卉纹布局多采用缠枝、折枝等方法，讲求对称。有的碗、盘口沿作花瓣式，碗内印着一朵盛开的花，同时在外壁刻上花蒂与花瓣轮廓线。这种把印、刻手法并用于一件器物，里外装饰统一的做法，使器物造型和花纹装饰浑然一体，十分精美。其次，定窑还有大量的动物纹饰，主要有牛、鹿、鸳鸯、麒麟、龙凤、狮子和飞龙等。定窑飞龙纹一般装饰在盘、碟、碗等卧件的器物中心，祥云围绕，独龙为多，尚未见有对称的双龙纹饰。飞龙身形矫健，昂首腾飞于祥云之间，龙尾与后腿缠绕，龙嘴露齿，欲吞火球，背有鳍，身刻鱼鳞纹，龙须飘动，龙肘有毛，三爪尖利，栩栩如生。而定窑立件上只装饰有变形龙纹，其装饰水平与盘、碟上的龙纹相差甚远。禽鸟纹饰中主要有凤凰、孔雀、鹭鸶、鸳鸯、雁、鸭等，做工精美的飞凤比较少见。

　　瓷器是中国古代的一项伟大发明，世界各国的制瓷技术多是从中国传入的。在古代，外国人称中国为"瓷器之国"、英语中的"China"（中国）一词的另一个含义就是"瓷器"。可见，中国瓷器的影响巨大。纵观中国几千年的古陶瓷发展史，它虽然是以衰退而告终，但是它给后人留下的这份珍贵而又丰富的遗产，将永远放射出灿烂的光辉。

# 丝绸文化

丝绸起源于中国，早在黄帝时期，就有"蚕神献丝""天神化蚕"的故事。可以说在相当长的一段历史时期里，中国是世界上唯一能够生产丝绸的国家，我们的祖先不但发明了丝绸，而且昌明丝绸，利用丝绸，使其在服饰上、文化礼仪上、艺术上，均闪耀出夺目的光辉，这使丝绸不但在国内备受欢迎，更是充当了中华文明的"文化使者"，把古老的华夏文明带向了海外。

# 一、采桑养蚕的起源

## （一）桑蚕丝绸起源的神话传说

全新世大暖期（大西洋期）为中国的黄河、长江流域带来了温暖的气候，令桑树和蚕的养殖可以在中华民族的发源地广泛地进行。我们的祖先除了种植粮食、追捕猎物外，还主动地把野蚕从户外带入家中，把桑树移入院内，进行最早的缫丝生产。但谁是第一个教会大家采桑养蚕的人呢？由于缺乏史料的记载，我们的先人畅想出了一个个美丽的传说。

先让我们看一看"蚕神献丝"的故事。黄帝战胜蚩尤以后，为了庆祝战争的胜利，大摆宴席，犒赏三军。在这个万众庆功、皆大欢喜的时刻，只见一个身披马皮的美丽姑娘，从天空徐徐降落，她手里拿着黄、白两绞蚕丝，黄的像金子，白的似白银，前来献给黄帝。姑娘告诉黄帝她就是蚕神。这张马皮紧紧地黏附在姑娘身上，根本无法揭取下来，如果她把马皮两边的边沿拉拢一下，包住自己的身体，那么她立即就会变成一条长有马一样头的蚕，而且还能接连不断地从嘴里吐出细长的闪闪发亮的丝来。黄帝见到这美丽而稀有的东西，称赞不已："好啊，这下天下老百姓可以过上更好的日子了！"蚕神见黄帝如此关怀子民，深受感动，她毫不迟疑地拉拢马皮，变成一条蚕，嘴里吐出黄、白两种丝来。这时黄帝很高兴，立即派人把蚕送给妻子嫘祖。她听说这件事后，亲手把蚕放到桑树上，每天精心看管养育。嫘祖一养蚕，人民也纷纷仿效，蚕种孳生繁衍，这样一来，采桑、养蚕、织丝这诗歌般的美丽欢快的劳动，就成为中国古代妇女们的专业。

还有的书中说采桑养蚕就是黄帝贤惠善良的妻子嫘祖发明创造的。传说有一次嫘祖在野桑林里喝水，树上有野蚕茧落下掉入了水碗，待用树枝挑捞时挂出了蚕丝，而且连绵不断，愈抽愈长，嫘祖便用它来纺线织衣，并开始驯育野蚕。

嫘祖被后世祀为先蚕娘娘，历朝历代都有王后嫔妃祭先蚕娘娘的仪式。当然还有元始天尊怜悯人间无以御寒而自化作蚕儿造福人类，也就是"天神化蚕"的传说。根据《史记》《周易》《诗经》的记载，又有关于太昊伏羲氏和炎帝神农氏教民农桑的故事。

可以说关于采桑养蚕的神话传说是很多的，内容、时间、主要人物各有不同，并且史料均有记载。但是，在众多的圣贤人物之外，勤劳朴实、沉潜内敛的中国劳动人民更愿意接受黄帝的妻子——贤惠善良的嫘祖作为养蚕业的开山始祖。嫘祖被后世祀为先蚕娘娘，在很多养蚕区都可以看到一些蚕神庙和先蚕祠，供奉着"先蚕"嫘祖。

神话传说当然不足为据，这是在社会生产力低下、科学文化水平不发达的情况下，人们自己的主观臆断，是美好的，却是不切实际的。正如其他农业生产的发明一样，不能将其归功于史前时期一两个英雄人物身上，其实一项伟大的发明往往是凝聚了我国古代劳动人民几代人的心血，是他们智慧和力量的结晶。

## （二）从考古发掘来看桑蚕丝绸的起源

20世纪90年代以来，在我国文明的发源地黄河流域和长江流域大量关于采桑养蚕和丝绸纺织文物的出土，为我们了解丝绸最早的起源和发展情况提供了翔实的实物证据。蚕茧的利用，家蚕的养殖和丝绸的生产，从出土实物来看，早在新石器时代（大约距今一万年至五千多年）就已经开始了。

1926年春天，清华大学考古队在山西夏县西阴村一处遗址中，发现了一颗被割掉了一半的丝质茧壳，虽然已经部分腐蚀，但仍有光泽，而且茧壳的切割面极为平直，其时代距今约六千年左右。据专家研究，古人切割蚕茧的目的可能是要吃里面的蚕蛹。所以，推测这时的蚕茧尚未被人们认识到可以抽丝织衣，但是在扒茧吃蛹的过程中，人们一定会发现那光亮坚韧的丝绒，触动人们开始利用茧丝，从而导致原始的纺织技术和丝绸的出现。

1958年，浙江吴兴的钱山漾出土了一批丝线、丝带和没有碳化的绢片，经

丝绸文化

测定据今约四千七百多年，这是目前发现的中国南方最早的丝绸织物成品。这块绢片呈黄褐色，为家蚕丝织成，采用平纹织法，经纬线均由 20 根单蚕丝并合成一股丝线，交织而成。经纬密度为经密每厘米 52 根，纬密每厘米 45 根。专家们据此推断当时的人们已经掌握了原始的缫丝技术，并且可能已有原始的纺织工具。

1973 年，在浙江余姚河姆渡新石器文化（距今七千年前）遗址中出土了一个盅形雕器，在这件文物上刻有四条蚕纹，仿佛四条蚕还在向前蜿蜒爬行，头部和身躯上的横节纹也非常清晰，应是一种野蚕。

1984 年，河南荥阳县青台村一处仰韶文化（距今五千多年，以彩绘陶器为特征）遗址中发现了距今五千五百年的丝织品和十枚红陶纺轮，用来包裹儿童的尸体，这正是传说中伏羲氏制作丧服用的"缚帛"，丝织品为平纹织物，浅绛色罗，组织稀疏，可见当时的纺织技术水平还是比较落后的，但这却是迄今为止发现的北方最早的蚕丝。

各地新石器时代遗址中还出土有大量陶质、石质的纺轮和纺锤等纺织工具，如公元前 5000 年左右的河北磁山遗址、公元前 4000 年左右的浙江河姆渡遗址、陕西西安半坡遗址（黄河流域一处典型的新石器时代文明遗存，距今 6700—5600 年之间），以及临潼姜寨遗址（新石器时代聚落遗址，公元前 4600 年—公元前 4400 年）等，都有刻纹的纺轮出现，有的呈扁圆形，有的呈鼓形。

1975 年，河姆渡遗址新石器时代文化层中，不仅出土了木制、陶制的纺轮，还有引纬线用的管状骨针，打纬用的木机刀和骨刀，以及绕线棒等其他形状各异的木棍，很可能也是原始织机的组件，如木机刀、卷布木轴、提综杆等。

在长江中下游的屈家岭文化遗址（位于湖北省京山县，以黑陶为主的文化遗存，距今 4800 年）中，纺轮造型更为丰富，而且有些还加以彩绘，纺轮主要是用来纺线的。之后又出现了带有机械性质的纺织工具。

在仰韶文化遗址中，发现了大理石的蚕形饰物和陶制的蚕蛹形装饰品。良渚文化和河姆渡文化遗址中也有大量的蚕形、蛹形的饰物出土。

总的看来，我国的黄河流域和长江流域地区在新石器时代就广泛地出现了桑蚕丝绸的生产，尽管我们还无法准确确定丝绸产生的最早年代，其起源却并不是单一的或是传承的，而是平行的各自独立发展的。所以说，我国丝绸的发源是多元的。

现在国内外很多人认为，丝绸是在偶然中被先人发现并加以利用的。其中最具代表性的两种说法认为，古人有吃野蚕茧的习惯，在茧中吃出了丝，加以纺织便成了丝绸。还有人认为，古人无意中将野蚕茧丢入水中，并用勺子打捞，拖出长长的丝，纺织后成了丝绸。这里要说明一下，偶然性的说法太单薄，从野蚕变成家蚕是一个漫长艰辛的过程，如果仅从"偶然"角度来解释不合理。特别是从我国丝绸起源的多元性看，"偶然"的想象，不可能在长江、黄河的多个流域多个地点同时发生。所以说采桑养蚕是我国古代劳动人民在生产实践基础上总结的创造性生产活动，充分显示了华夏子孙发展生产和改造大自然的勇气和力量。

丝绸文化

## 二、商周两代的桑蚕丝织业

### (一) 采桑养蚕与农业并重

大约在公元前 22 世纪末—前 21 世纪初，我国第一个奴隶制国家——夏朝建立，标志着我国由生产力低下的原始社会进入了奴隶社会，又经过商朝到西周奴隶制社会发展到了顶峰，再经过春秋争霸直到公元前 475 年，战国七雄并立局面的出现，在漫长的一千五百年间，我国的奴隶社会经历了由产生、发展到高峰的漫长时期。在此期间，采桑养蚕业摆脱了新石器时代的缓慢发展阶段，青铜器取代了原始的石器和木器，有组织的大规模的协作劳动取代了个体劳动，加之生产技术的不断进步，采桑养蚕普遍兴起，成了国民经济的重要组成部分。

我国古代的第一部诗歌总集《诗经》中有一篇叫《七月》的长诗，最能反应商周时代的蚕桑生产。

春日载阳，

有鸣仓庚。

女执懿筐，

遵彼微行，

爰求柔桑。

春日迟迟，

采蘩祁祁。

女心伤悲，

殆及公子同归！

蚕月条桑，

取彼斧斨，

以伐远扬，

猗彼女桑。

七月鸣鵙，

八月载绩。

载玄载黄，

我朱孔阳，

为公子裳。

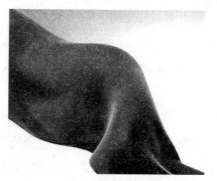

诗中的大意是这样的：春天来到，阳光明媚，黄莺鸟唧唧喳喳叫得忙，姑娘们背着大筐，沿着崎岖的小路走过来，手里忙着采桑。春天里的白天很长，可以把白蒿子采满一筐，但是姑娘心里很发愁，怕跟着小姐去婚配。三月里为桑树修枝，身上带着砍刀，用它把过长的枝条砍掉，再用绳子绑牢嫩桑。七月到了，听到伯劳鸟在叫，八月纺麻就更忙了，染出的丝有黑的也有黄的，大红色的最漂亮，好给小姐做衣裳。

从诗中我们可以看出，女子采蒿子孵蚕，采桑叶喂蚕，男子还要为桑树修枝，之后还要缫丝、染丝、纺织，最后做成衣裳，从三月到八月，奴隶要忙上整整的一年。这是一系列非常复杂的劳动生产过程，在当时的社会经济环境下，耗费的人力物力是十分巨大的。《诗经》中还有许多关于桑蚕的记载，《魏风》有记载，有些地区种植桑树的土地大到十亩，参与生产的奴隶数目也十分可观。其他很多的史料也有相关的记载，孔颖达在《五经正义》中曰："蚕事既毕……民又染缯……以此朱为公子衣裳。"怪不得孟子感慨道："五亩之宅，树之以桑，五十者可以衣帛矣。"就是说如果家里有五亩地都种植上桑树，那么家里连五十岁的老人都可以穿上好看的丝绸衣裳了，可见丝绸生产在当时社会中的地位是举足轻重的。

以上这些史料共同印证了一个事实，蚕桑纺织也在商周的社会中占有重要的地位，《周礼》记载，庶民不养蚕，就没有帛穿，不纺织，就没有布用。在发掘出的商代的青铜器中，可以看见大量的桑、蚕、丝、帛等文字以及与之相关文字一百多个。

不难看出，奴隶主统治阶级的积极提倡是蚕桑生产进步的重要因素。原因十分简单，于政府可以得到可观的税收，于奴隶主贵族，则可用于衣被或是装饰室内，可惜的是那作为生产劳动主力军的千万奴隶，受尽压榨，特别是精于纺织技术的妇女（当时的养蚕纺织被称为"妇功"），更是付出了倍于男子的劳动力。但是正是这些下层劳动人民的不懈努力，使这一时期的采桑养蚕技术得

丝绸文化

到了明显的提高。

### （二）生产技术与生产工具的进步

采桑养蚕技术的提高主要从两个方面体现出来，第一是桑树的种植。桑树属桑科桑属，为落叶乔木。桑叶呈卵形，是喂蚕的饲料。高干乔木与低干乔木是在商代开始进行人工培养的，我们的祖先很早就采用了压条繁殖法，既便于桑叶的采集又为繁殖良种桑苗开辟了新途经。第二是蚕的饲养。在商周时代，我们的祖先已经对蚕的生长形态，蚕卵——生蚕——化蛹——结茧——化蛾，有了比较深刻的认识，并且应用于生产实践。例如只养春蚕，不养夏蚕，改多化性的野蚕为一化性的家蚕，大大地便利了蚕的培育和生产的过程，在蚕的饲养上也形成了一套完整的理论体系。

伴随着植桑养蚕技术的进步，丝织技术与丝织工具全面进步。首先，生产工艺完善，形成了缫丝、并丝、捻丝和整经的完整工序。

将蚕茧抽出蚕丝的工艺概称缫丝，它是丝织准备阶段的第一道也是最重要的一道工序。蚕茧丝由丝素和丝胶两部分组成，丝素包裹在丝胶的外面，不易脱落，所以要将蚕茧放入热水中，让丝胶溶解，便于抽丝。早在新石器时代，人们就已经掌握了原始的缫丝方法，将蚕茧浸在热盆汤中，用手抽丝，再用丝掃（用草茎、麻绳编的小掃，把用手抽出的丝缠绕于上面，便于索绪，也叫索绪掃）卷绕于丝筐上。盆、筐、丝掃就是原始的缫丝器具。缫丝技术在商代已经普及，在河南安阳商代墓葬中出土的青铜器上包裹着质地优良的绢痕，还有大量丝织品的残片，均是用长丝织成的。说明当时的缫丝技术已经十分发达。

到了西周、春秋，缫丝技术更加娴熟，集体协作性也很强，各个工序的要求也十分严格。在当时较为高级的丝织作坊中，蚕茧都是经过严格挑选的，缫丝用的热水的水温也是经过有经验的人进行严格控制。蚕茧投放水中之后，要连续三次反复地将其按入水中，通过反复地搅动，使蚕丝松懈，再用丝掃等工具进行集绪。

蚕丝十分细，所以要把多根并成一根使用，这在西周、春秋时期就有了明确的记载：1根蚕丝叫"忽"，10忽为"丝"，10丝为"升"，80丝为"綜"。可见当时的缫丝技术已经非常发达，产量也已经十分可观。

缫丝做好之后，经过上架等处理，就成了丝绞，加工后就成了经、纬丝，但是根据经、纬丝粗细要求的不同，还要对生丝进行合并和加捻，称为并丝和捻丝。并丝与捻丝的工序在商代称为常规工序，在河南安阳商代墓葬中出土的织成规矩纹样的绢，其纹理整齐，经丝、纬丝并捻均十分严密，工艺水平最高的捻度可达到每米三千左右捻。

商周时代整丝的工艺基本成型，原始的整丝工具也已经出现了。

伴随着生产工艺的完善，生产工具有了进步。早在新石器时代，就有了原始的腰机，在河姆渡遗址发现的文物中就能够大致了解到早期制造的情景。到了商代，投梭式的平纹丝织机在社会上普遍应用。同时，殷人也已经能够纺织纨、沙、罗、斜纹等高级的纺织品，练丝和织造技术的提高，品种之多，说明了丝织工具的进步。织机多为卧机，为多镊构成，商代已经使用六片综或者六根提花镊的织机。提花机生产出来的是高级的丝织品，生产起来费时费力，只是部分贵族的奢侈品。

到了西周时期，周人继承了商人的织机并且有所发展，由缫丝、并丝和捻丝到上机的缫车、饪车、织机一应俱全。当时的丝织机与麻织机基本上相同，为卧织机，织平纹用二综，织斜纹用四综，在陕西省宝鸡市茹家庄西周墓发现的丝织品就有西周斜纹绫。同时，周代的丝织机已明显分为平纹机（绢、布机）和提花机，并且已经大量地投入生产，规模上也远远大于商代，能够织造地、花皆斜的斜纹绫，但是社会上主要的丝绸织品仍是平纹的丝织物。

随着品种多样的丝织品的问世，练、染技术水平也有了很大的提高。练就是练漂，因为生丝经过缫丝过程之后，仍旧有大量的杂质残留在表面上，必须经过再次的精炼才能保持丝绸的手感、下垂度和光泽，这样生丝就变成了熟丝，也只有熟丝才能着染美丽的颜色。

### （三）进步的练染技术

根据最早的历史记载，商周时期官营的作坊中，已经有了专门管理练染的生产部门和相关人员。对染料的征集、生丝的精炼、熟丝的染色都有一整套完整的工艺技术。可以说，对丝织品染色的重视，反映了社会经济的发展和文化程度的进步，很多奴隶主贵族要用鲜明的色彩来表现出他们的阶级地位，并且形成了严格的礼仪。在商、周、春秋时代，丝织品的染色主要有两种方法，第一种是将矿物质颜料磨碎，涂染到丝织品上，使其着色。另一种方法是使用植物染料进行染色，染色的方法主要是浸泡。这两种方法都可以染出黄、绿、红、白、紫、蓝等多种颜色，但是使用植物染料的色彩更加丰富，效果更明显，也得到了更广泛的认可。在燃料的提取和炼制方面，人们也多从植物中提取，很多技术精湛的染工，可以按照季节摸索出一整套规律，来获得不同的染料。特别是他们可以巧妙地利用红、黄、蓝三原色，调制出紫色、橙色等复杂的颜色，使染色技术上了一个新台阶，极大地扩大了丝织品的色彩范围，丰富了人们的生活，也丰富了中国象形文字的宝库，许多表现色彩的汉字都带有"丝"字旁，如红、绿、綦、绉、绛、绚、缇等。

在夏、商、周和春秋时期，丝织工艺的不断完善和生产工具的不断进步，带动了丝织品种类的不断增加、规模的不断扩大，各种做工精细、艺术审美价

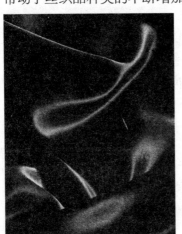

值很高的丝织品不断问世，对中国传统文化的形成与发展作出了巨大的贡献。

### （四）丰富多样的丝织品

进入夏朝后，丝织品的种类与花纹都有了明显的变化，奴隶社会的服饰纹样是奴隶制社会精神文化的一个方面，纹样内容的政治意义大于审美意义。最重要的纹样为国王衮服上面的十二

中国文化遗产

章，又叫"章服制度"，十二章最早的记载见于《尚书·益稷篇》，明确以日、月、星辰、山、龙、华虫、藻、火、粉、米、黼、黻为十二章。把服装和等级结合起来，其中的礼服、戎服从花纹和款式上看，都是十分精美的丝织品，可以看出奴隶主阶级的生活日益奢华，他们穿着的丝织品的种类十分繁多，也可以从一个侧面看出当时的丝绸纺织技术比以前有了更快的发展。

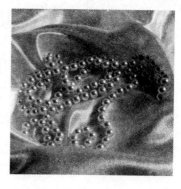

在河南安阳出土的大量制造精美的商代青铜器上，都包裹了大量的丝织品残片，说明当时的纺织技术有了很大的提高，还能够生产出提花的织物。在西周的贵族墓葬中，也发现了一些用于包裹的丝绸残迹和残片，其中有锦、绮、绢和刺绣。锦和绮的出现，标志我国的丝绸提花技术有很大的突破。当然，绢、锦和绮都是商周丝织品的主要品种。

在商周时代，锦和绮都是高级丝织品，生产规模不是很大，更普遍的是绢这类平纹丝织品，绢分为沙、绡、縠、纨、缟、缦等多个种类。绢类织物制造技术简单，结构和质地较为轻薄，生产难度不大，深受平民的欢迎，例如鲁国和齐国分别生产的缟和纨都是当地的著名产品，有"齐纨鲁缟"之称。

绮的生产起源于商代，是平纹地起斜纹花的单色提花丝织物。绮有逐经（纬）提花型和隔经（纬）提花型两种，后者也称"涨式组织"绮。绮的花纹多为几何图形的纹理，有菱形的、回纹形的，还有反映对天空崇拜的雷纹和寓意高升、如意的云纹。在辽宁、陕西宝鸡等地的西周墓中，均可以发现高级的斜纹提花织品——绮的影子。

锦是指具有多种彩色花纹的丝织物。锦的生产大致开始于西周，距今已有三千年以上的历史。锦的生产工艺要求高，织造难度大，所以它是古代最贵重的织物。这种织物有经起花和纬起花两种，也叫经锦和纬锦。经锦是用两组或两组以上的经线同一组纬线交织，经线多为二色或三色，如果需要更多的颜色，也可以使用牵色条的方法。纬线有明纬和夹纬，用夹纬把每副中的表经和底经分隔开，用织物正面的经浮点显花。纬锦是用两组或两组以上的纬线同一组经线交织。经线有交织经和夹经，用织物正面的纬浮点显花。这样复杂的工艺流程就决定了锦的织造工艺高于绮，色彩更富于变化，纹理结构更立体，表现力

丝绸文化

更强，穿着更具档次，并得到了统治阶级的广泛追捧。号称春秋五霸之首的齐桓公就提到过，他的父亲齐襄公的上千名宫女妻妾"食必粱肉，衣必文绣"。在其他的文献中也大量地提到过锦，《仪礼·聘礼》中就有"皆奉玉锦束请觐"的记载。《礼记·中庸》也有"衣锦尚"的记载。《诗·秦风·终南》也提到了"锦衣狐裘"。可以说，周代锦类的织品种类不少，但是最能体现丝绸本身优良的材质与高超的纺织艺术相结合的就是"织锦"了，在中国的辽宁、陕西、山东、湖北等地，均有大量精美的"织锦"出土。织锦是最能体现中国传统文化的瑰宝之一，具有很高的历史与文化价值。

# 三、战国秦汉时期的桑蚕丝织业

战国和秦汉时期，随着经济的快速发展，蚕桑丝绸业有了充分的发展条件。战国时期，我国已经由奴隶社会步入了封建社会，随着水利的兴修、铁器的使用和牛耕的推广，春秋中后期，各诸侯国的经济得到发展，特别是农业技术的广泛进步，加速了采桑养蚕的发展和集约化进程。秦统一之后，统一度量衡，使长度、容量、重量都有统一的标准，便利了经济的发展；统一货币，把秦国的圆形方孔钱作为统一的货币，通行全国，这对促进各民族各地区的经济交流意义重大。汉朝代秦，又承秦制，采取"与民休息"的政策，轻徭薄赋，提倡农桑，鼓励贸易，注重恢复发展生产。战国至秦汉的这些政策，均促进了蚕桑丝绸的生产与发展，可以说在这一时期，从桑树的栽培，到采桑、养蚕、缫丝、编织、练染等一系列技术均得到了长足的进步，工艺流程和技术手段都上升到了一个新的台阶。丝绸逐渐成了农业和手工业生产发展的重要组成部分，在社会经济中的地位举足轻重。

## （一）统治者对桑蚕丝织的重视

进入战国和秦汉之后，伴随着经济的快速发展，桑蚕丝织业成为广大人民衣食和政府收入的主要来源之一，受到政府高度重视。

如《管子》中曾经提出"务五谷则食足，养蚕桑、育六畜则民富"。可见，在中原的广大地区，特别是齐鲁这样桑蚕丝织业高度发达的地区，桑蚕的地位已经跃居"六畜"之上，在社会经济生活中占有主要的地位。楚平王时期，为了争夺桑树种植地域，向吴国发动战争，被后世称为"蚕茧大战"。

丝绸文化

秦国自从"商鞅变法"之后，国家一直推行"农战"的政策来提高本国的经济实力，而蚕桑生产则是农战的重要内容之一。商鞅推行重农抑商的政策，对耕织出众的农户进行奖励。在《吕氏春秋·月令》中也记载了大量严酷的法律对破坏桑树和偷盗的行为进行惩罚。

汉朝对蚕桑丝织的重视是强于前代的。从"文景之治"到"汉武中兴"，汉初的统治者无不主张"重农抑商"的基本政策，而"农桑为本"的思想也在群众中得到了广泛的认可。于是，蚕桑纺织在社会经济生活中的地位也得到了进一步的提高，随之而来的就是桑蚕在全国范围内的大规模种植。春秋战国时期，蚕桑养殖还只是处于以齐鲁为核心的北方地区，沿着黄河流域较为平均地分布。到了两汉时期，其重心开始有了南移的趋势，尽管其核心仍在北方，但是养蚕技术的传播速度和桑树种植区域的扩大速度都是南方大于北方。根据《口胜之书》记载，湖北、湖南、四川、贵州一代都有大片的区域进行桑蚕的种植和丝绸的生产，连海南岛北部地区也出土了西汉时期的绘有女子采桑图案的陶器，可以推算出海南地区当时已经有了蚕桑丝织的技术。

随着蚕桑丝绸业的普遍勃兴，政府也加强了对该领域的管理，设置了"蚕官令丞"负责统筹相关的事物。但可惜的是，这个官职在《汉书》这样的官方正史中没有记载，但是很多学者通过考古发掘和对汉瓦当的文字考证，认为该官职是存在的。

### （二）生产技术与生产工具的进步

战国秦汉时期的蚕桑养蚕技术得到了明显的提高，主要体现在采桑和养蚕两个方面的细化。更多更实用的生物技术被应用在了桑树的种植上，西周以前的桑树种植主要是野桑，而到了战国秦汉时期，则开始人工培育树桑类的高干

桑、低干桑和地桑，栽培方式上也比过去更加集约化，修剪形式上比过去更加细化、模式化。根据《汉书·食货志》记载，汉代的桑树种植既有科学栽培和修剪的高干桑和地桑，也有自然形成的美观高产的乔木桑。关于桑树的播种，是用桑葚子和黍子混合播种的，二者共同出苗，几户农民共同间苗、犁地，使苗间距达到最佳，翻土、施肥、除草都有详细的记载，等到黍成熟后，将其贴地割掉，并且放火烧毁，有益于桑苗第二年的生长。从分布上看，长江北部多为高干桑，长江以南多为地桑，二者的栽培方式略有不同，但是基本遵循上述的方法。在桑树的修剪方面，汉代以来也有许多的方法，使其更便于桑蚕的采集，以及第二年的生长和发育。

伴随着桑树培植技术的进步，养蚕的方法也得到了显著的提高。通过春秋战国时期的不断积累、总结，到了汉代，人们对蚕的生活习性与生理构造有了明显的了解。当时的人们已经了解到蚕"喜湿恶暑"的特性，养蚕者多对蚕的春季育种、夏季生长、季末吐丝结茧有详细的掌握，并且将其运用于生产当中，发明了室内蓄火、向阳温室，均为蚕的生长发育创造了适宜的生活环境。根据西汉《氾胜之书》记载，与前代比较，汉代的桑蚕生长周期良好，蚕茧的产量和质量都比前代有了明显的提高。

在生产工艺方面，为了能使丝胶更加快速地溶解，秦汉时期的先民发明了沸水煮蚕茧的方法。这样就成功地避免了丝胶的粘连和结疙瘩，使蚕茧的表面更加圆润、溶解得更加快速，丝的力度和韧性都有提高。从《汉书·食货志》中可以看出，沸水煮茧的缫丝方法已经被广泛使用。

伴随着生产工艺的提高，生产工具也有了进步。战国秦汉时期，丝织机的构造更加科学，织造的工艺更加精湛。从长沙发掘的战国遗址中发现了五种锦和若干的提花织品，其工艺水平远远胜于前代，这要归功于当时先进的镊提花机。与前代的斜纹机相比，经密140根／厘米，纬密为60根／厘米，可以织出暗花对龙对凤纹、褐地双色方格纹、几何纹等，可见当时的提花机水平是十分高超的。战国时期的平纹织机虽然没有提花机的工艺高超，但是工艺也达到了

丝绸文化

127

经密 75—84 根／厘米，纬密为 45—50 根／厘米，织物疏密自如，薄厚均匀，比起前代还是有很大进步的。

到了两汉时期，丝织工具更是有了明显的进步。缫丝的工具从原有手持的丝掃逐渐变为一种轱辘式的缫丝纤，这便是日后手摇缫丝车的雏形。络丝、并丝、捻丝的工具也都基本上完备了。当时络丝的方法还没有明确的记载，单从江苏出土的汉画像石上看，络丝是将丝绞从缫丝纤上慢慢脱下来，套在箍丝架上之后，绕到桄子上。汉代卷纬的工具主要是纺车，当然，它也可以进行并丝和加捻，分为手摇和脚踏两种，手摇纺车多称为轱辘车、维车，脚踏纺车多称为鹿车。在长沙马王堆汉墓中，就有关于纺车的画像。20 世纪 90 年代初，在江苏、浙江也多次出土纺车的画像和残骸，可见当时的纺织技术是十分进步的，丝织品的生产效率和质量都有所提高。汉代的丝绸织机也已经十分完备，根据《太平御览》卷八二五《器物部》记载，当时的纺织机的器型一如战国时代，但是平纹织机与提花机的构造均有了很大的进步。关于平纹织机的工作流程，江苏铜山县青山泉东汉纺织画像石有较为详细的描绘："左方刻一织机，一个人坐在织机的前面，回身从另一个人的手中接过婴儿抱起。右方刻一纺织机和另一个纺织者，旁边有一人躬身而立，正为纺织者传递物品。右上方悬挂着五个麻团，为纺织之用。"可见，当时的纺织流程是很重视协作的。根据画像，我们也可以对平纹的斜织机进行复原，它的基本机型是：在一个长方形木架子的机座上，后端置一个机架，前方无任何机座板，机架后端竖立两根机杼。机架与水平的机座大约成 55°的斜角。机器上配有经轴、纬轴、分经木、提综杆。在机身的斜下方还放置着投纬用的梭和打纬用的筘。汉代的平纹斜织机是对卧机的改动，大大提高了纺织速度，减少了工作人员的劳动量，丝织品的质量也有了巨大的进步，它的构式有三种：洪楼式、留城式和青山式，其中以青山式最为流行。

汉代的提花机也有了巨大的进步。根据《西京杂记》的记载："（西汉时）绫出钜鹿陈宝光家，宝光妻传其法，霍显召入其第，使作之。机用一百二十镊，六十日成一匹，匹值万钱。"就是说西汉陈宝光的妻子，经过长期的探索、研究，制成了120综、120镊的更高级的提花机，这样就使操作大大简化了，产品的工艺也有了提高，每匹可以卖到一万钱。这也就是我们说的束综提

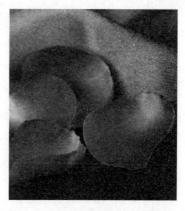

花机，它的工作原理是通过花楼杆控制花部经丝的提沉，同时用脚踏杆控制地综的提沉，这样就可以编织出精美的花纹图案和复杂的几何图形。当然，对提花机改动的不只是陈宝光妻子一个人，根据《三国志·方技传》的记载，东汉的马钧也对提花织机进行了改造。过去的提花机原有50镊—120镊之多，经过马钧的改造变为了12镊，这就大大降低了提花机的工作量，使机器更加灵巧，纺织的时间更加快捷。这一技术一直被沿用，到了唐代才有了实质性的突破。

### （三）普遍发展的练漂印染工艺

战国秦汉时期，颜色一直被视为身份和地位的象征。在周代，黑色被视为卑贱的颜色，很多奴隶和身份低下的平民均着黑衣，因为黎字古通"黧"，指黑色。所以平民百姓在古代叫做"黎民百姓"。秦始皇即位之初，极其推崇巫术，认为黑色可以使国运昌盛。朝服、旗帜以及平时所穿的衣服也均以黑色调为主。汉承秦制，崇尚黑色的社会风气日重，黑色成了高贵的代名词。但是到了东汉时期，这种风气下降，紫色成了达官显贵的新宠。

在这一时代，练漂印染技术得到了长足的发展，比起前代成熟很多。染色和漂白已经成功地区分出来。根据《太平御览》记载，战国时期的漂白技术分为水漂和浸练，到了秦汉时期，则发展成为了煮练和捣练。沸水快煮，木杵绞丝，大大提高了漂白和脱胶的速度，丝绸手感细腻、光洁如玉，质地上乘。从马王堆汉墓出土的丝织的染色物来看，当时的颜色已经达到二十种以上。经过千年的风霜，仍然光洁如新。对于丝绸的上色，多用的是化学方法。例如汉代染黑色就是用一块铁板，放置在阴暗处，表面上洒上浓度适中的盐水，再放入

醋缸，浸泡三个月左右，形成硫酸铁，这种成分对丝绸织品的损伤比较轻，着色度较高，是理想的染色剂。这一时期，还新增了很多化学染料，如绢云母、石墨、朱砂、西域胡粉。除了化学染料外，还有一些植物染料，如产于西北的红蓝花可以用来着染红色，茜草可以用来着染黄色。

战国秦汉这一时期，丝绸织品的种类和名目均更加丰富，根据《汉书》中的记载，各类丝织品的名称多达数百种。根据段玉裁的《说文解字注》记载，以丝为偏旁命名的文字有几十种，以颜色命名的文字也有十几种。

### （四）丰富多样的丝织品

战国时期是中国历史上较为繁荣的时期，各诸侯间政治、经济、文化的频繁交流，促进了社会生产力的发展。丝绸产品已不再是上层社会的奢侈品，逐渐普及到了民间。因此，织、绣、染技术有了空前的发展，为汉代大规模开通丝绸之路奠定了坚实的技术基础。战国时，丝绸的纹样已突破了商周时期几何纹的单一局面，表现形式多样，形象趋于灵活生动、写实和大型化。商周时期的神秘、简约和古朴的风格已不复存在，取而代之的是蟠龙凤纹。这时的纹样已不再注重其原始图腾、巫术宗教的含义，纹样穿插、盘叠，或数个动物合体，或植物体共生，色彩丰富、风格细腻，构成了龙飞凤舞的形式美。由于当时织和绣表现纹样的技术相差较大，浪漫主义风格在织、绣上采用不同的表现手法，丝织上主要采用变化多端的几何纹样；刺绣则表现以龙凤为主题的动物图案。马山楚墓中出土的大量龙凤纹是当时龙凤艺术的集中表现。

到了秦汉时期，丝织品的种类更加齐备，花样更加丰富。汉代的丝织品数目繁多，但是最具代表性的还是马王堆汉墓出土的各种丝织品和衣物，年代早、数量大、品种多、保存好，极大地丰富了中国古代纺织技术的史料。1972 年出土的1 号墓边箱出土的织物，大部分放在几个竹笥之中，除十五件相当完整的单、夹绵袍及裙、袜、手套、香囊和巾、袱外，还有四十六卷单幅的绢、纱、绮、罗、锦和绣品，都以荻茎为骨干卷扎整齐，以象征成匹的缯帛。3号墓出土的丝织品和衣物，大部分已残破不成形，品种与1号墓大致相同，但锦的花色较多。最能反映汉代纺织技术发展状况的是素纱和绒圈锦。薄如蝉翼的素纱单衣，重不到一两，是当时缫纺技术发展程度的标志。用作衣物缘饰的绒圈锦，纹样具立体效果，需要双经轴机构的复杂提花机制织，而印花敷彩纱的发现，表明当时在印染工艺方面达到了很高的水平。可以说，马王堆汉墓出土的丝织品，几乎代表了汉代丝织业的最高水平。

此外，在河北、山西、河南等地区，也有大量的精美丝绸织物出土。

按照丝织品的工艺和组织来分，大致可以分为绢、绮、锦三大类，每一类也可以分为多种。战国秦汉时期，这三种丝织品花色更加精美，纹理更加清晰，花样更加丰富。图案也从原有的简单几何图形演变成了山水、花鸟、云气等综合纹理。再配以文字，相互穿插，变换出了高超的工艺水平。《说文》对绢的解释是这样的："缯如麦绢者。从糸，肙声。谓粗厚之丝为之。"基本符合汉代绢类特点。汉代的绢类织物为平纹组织，质地轻薄，坚韧挺括平整，一般常见的有天香绢、筛绢等。天香绢的缎花容易起毛，不宜多洗，不适宜平民使用，多为贵族的奢侈品。马王堆汉墓3号墓就出土了大量做工精美的绢类产品。

绢的一种衍生材料纱以其结构稀疏、易于透气得到了汉代官员的推崇。根据《汉书》记载，汉代的官员头上的帽子都是用纱制成的。马王堆汉墓中出土了部分官服，经过复原之后，证实就是《汉书》中提到的漆缅冠，表面涂上黑漆，纱料坚韧挺亮，威严而不失华贵，耐用不易变形，为后世历代官员推崇，百姓习惯称之为"乌纱帽"。

绮是平纹为地，斜起花纹的提花织物。绮在汉代是很有影响力的，《汉书·地理志》中记载："织，作冰纨绮绣纯丽之物。"在《汉书·序传》中也有这样的记载："在于绮襦纨绔之间。"汉代的绮织物照前代比较，颜色上由单一的一种，变成了多变的"七彩汉绮"。花纹上也变为了两根组成斜纹的长线经丝，中间夹杂着一上一下的平纹经丝。纬线没有明显的变化。这样的构造不但能突出花鸟、山水的色彩变化，突出立体感，也不会影响织物整体的外观。在马王堆

丝绸文化

汉墓和甘肃等地区均出土了绘有民族特色图案的精美丝织品，造型别致，风格独特。

　　锦是经丝和纬丝经过多重织造构成的极其精美的丝织品。《说文》中对汉锦做出了这样的记载："锦，襄邑织文。朱骏声按，染丝织成文章也。汉襄邑县贡织文。"秦汉时期的织锦是以两色以上的经丝交替编织换层来显示花纹的，《汉书》中称为"经锦"。战国、秦汉流行以二色或三色经轮流显花的经锦，包括局部饰以挂经的挂锦、具有立体效果的凸花锦和绒锦。1959年在新疆民丰尼雅遗址发现的东汉"万年如意锦"，使用绛、白、绛紫、淡蓝、油绿五色，通幅分成十二个色条，就是汉代典型的经锦。著名的"四大名锦"（南京云锦、杭州织锦、苏州宋锦、成都蜀锦）之一的成都蜀锦就是典型的经锦代表。蜀锦是中国四川生产的彩锦，已有两千年的历史，汉至三国时蜀郡（今四川成都一带）所产特色锦的通称，以经向彩条和彩条添花为特色。蜀锦兴起于汉代，早期经锦为主。西汉时，蜀锦品种、花色甚多，用途很广，行销全国。《太平御览》引《诸葛亮集》："今民贫国虚，决敌之资唯仰锦耳。"唐代蜀锦保存到现代的有团花纹锦、赤狮凤纹蜀江锦等多种，其图案有团花、龟甲、格子、莲花、对禽、对兽、斗羊、翔凤、游鳞等。在马王堆汉墓中考古工作者还发现了起绒锦，其立体感强烈的花色和精巧别致的样式是对传统织锦的创新与突破。织锦作为丝绸织造技术的最高表现，随着汉代丝绸之路的开辟，传入了中亚、波斯、阿拉伯、爱琴海以及地中海沿岸的西欧国家。把东方的精美丝品和先进文化带入了西方社会，以罗马为首的西方国家竞相追捧，成为上流社会的必备奢侈品，为了得到丝绸甚至不惜发动战争。织锦与同样原产于中国的瓷器一样，成为当时东亚文明强盛的象征。

# 四、三国至隋唐五代的桑蚕丝织业

三国至隋唐五代这一时期，是统一与分裂并存、融合与斗争并重的混乱时期。东汉末年，魏、蜀、吴三国鼎立，西晋的短暂统一之后，又迎来了东晋和南北朝的分裂割据。在这三百六十多年间，南北方的不同政治势力时而联合，时而争战，使北方地区的社会环境日趋复杂，经济环境急剧恶化，特别是对蚕桑丝绸的生产影响更是巨大。北方战乱频仍，大量人口南迁，加之天灾不断，使北方的纺

织业发展处于停滞的状态。但是偏安一隅的江南诸王朝却得到了相对的宁静，加上大量北方人口为躲避战乱而南迁，带来了先进的纺织技术，使南方的纺织业得到了较快的发展。

隋唐结束南北分裂局面后，中国迎来了近五百年的和平统一局面。被破坏的社会环境快速恢复，人口数量上升，经济技术交流加强，为唐代经济、政治的繁荣打下了良好的基础，最终发展到了封建社会的顶峰。在"开元盛世"时期，蚕桑丝绸业也得到了快速的发展，技术的进步、生产工艺的推广，使当时的丝织品无论是质量还是产量，都达到了一个新的高度。这一时期，北方蚕桑丝绸业仍然处于领先地位，直到"安史之乱"之后，经济重心开始从北方南移，江南地区的桑蚕丝织业才开始赶超北方。特别是苏杭地区，丝绸的质量有了长足的进步。

### （一）桑蚕生产在全国的普遍发展

这一时期的统治者为了巩固统治、增加税收，都十分重视丝绸的生产，同时，国家强制性征收丝织品也在客观上促进了各地植桑养蚕业的发展。

桑蚕生产从三国至隋唐五代一直处于发展阶段，在农业中的地位日益上升，同时，也给统治者带来了高额的税收。公元200年，曹操实行新的赋税制，即

租调制。规定田租每亩四升，每户又出绢二匹、绵二斤，此外不得擅征。户出绢、绵后来统称“户调”。南北朝时期，全国各地普遍以丝织物为实物税。到了北魏孝文帝时期，新租调制规定一夫一妇每年出帛一匹（不久增加到了二匹，最后到了三匹，并且要附加丝一斤）、粟二石。隋朝沿用了前朝较为合理的赋税。隋文帝规定，丁年龄为二十一岁，受田仍是十八岁，负担兵役却减少三年。又改每岁三十日役为二十日，减调绢一匹（四丈）为二丈。509 年，令百姓年至五十者，可纳庸免兵役。庸就是免役人每日纳绢数尺（唐制每日三尺，当是沿隋制），二十日不过数丈，对老年人也是一种宽政。唐朝则规定：“男丁给予田地一顷，征收粟二石，调为绫、绢各二丈，绵三两。”

从桑蚕业地区的分布上看，这一时期，蚕桑生产的主要地区仍然是黄河中下游地区。这一地区桑树的种植面积广大，蚕桑的生产技术更是远远超过南方。当时政府贡赋的丝绸和帛织品多出自此地，特别是山东的鲁桑，枝条粗短、节密、硬化早、耐寒。南方很多的商人都是从山东引进蚕种到南方进行栽种。

长江流域的桑蚕生产，在这一时期有了很快的发展。从三国两晋南北朝开始，由于北方战乱频繁，江南地区相对稳定，因此丝绸生产的重心不断由北方向江南转移，大量的人口和先进的生产技术传入了南方，用丝绸纳税更是刺激了水乡农民的生产积极性。到唐代，江浙和巴蜀一带成了全国丝绸生产的中心，北方中原地区开始落后。长江上游的川蜀地区，早在三国时期，蚕桑的产量就很大，在全国处于领先地位。隋唐五代时期继续发展，唐末、五代时更是达到了发展的高峰。当时的四川向中央进贡的丝织品，精美无比，国内罕有能出其右者。还有四川的桑苗，也是市场上紧俏的商品。长江下游地区桑蚕丝织业的水平进步得十分迅速，其地位已经部分地超过了北方。两晋、南北朝时期，日本使者多次来我国江南进行丝绸贸易。江南很多著名的织工去日本传授种桑养蚕和织绸制衣技术。根据《日本书记》记载，公元 464 年 2 月，汉织、兄媛等织工曾去日本传授丝织经验。隋唐时代，中国丝绸特别是江浙一带的丝绸更是源源不断地输往日本，日本的正仓院、法隆寺等都藏有我国江南的许多绫、锦以及四川蜀锦的珍贵实物。

长江流域之外，西北的甘肃、河西地区是我国出土汉唐丝绸实物最多和最为集中的地区，这是丝绸之路繁荣的重要标志。这里的丝绸出土情况与长江流域的丝织生产也有着密切的联系。在嘉峪关的壁画中，可以清晰地看到以妇女采桑纺织为主要内容的壁画。这一时期的新疆地区也已经有了关于丝绸的记载。

辽东地区的蚕桑生产在这个时期也有了较大的发展，《晋书·慕容廆传》记，前燕慕容氏政权通好于东晋，"先是辽川无桑，及廆通于晋，求种于江南，平州桑悉由吴来"，广大辽东地区开始种植桑树。南朝齐时，漠北柔然族首领曾向齐武帝求取锦工等，只是武帝以"织成锦工，并女人，不堪远涉"为由未予应允。北燕的著名君主冯拔也曾在辽宁地区大面积地推广桑树的种植。

### （二）生产技术与生产工具的进步

这一时期的桑树种植和栽培技术有了明显的提高。除了种子栽培外，还创造出了压条繁殖法。压条繁殖是把未脱离母体的枝条压入土中，待生根后再与母体分离，成为独立的植株。在脱离母体前，所需水分和养分均由母体供应，有利于生根。压条繁殖的苗木成活率高、生长快、结果早，唐代接木技术据唐末五代初韩鄂的《四时纂要》记载，还没有用于桑树苗木繁殖方面，《四时纂要》记："种桑收鲁桑椹。水淘取手，曝干。熟耕地畦种，如葵法。土不得厚，厚既不出。待高一尺又上粪土一遍，当四五尺，常耘令净。来年正月移之。白桑无手压条种之。才收得子便种亦可，只须于阴地频浇为妙。"可以看出，唐末桑树繁殖还是以种椹繁殖和压条繁殖为主。宋应星在《天工开物》中介绍嘉湖地区的桑树压条繁殖法，效率很高。

此时，在养蚕技术方面的提高也是很大的。三国吴人杨泉在其著作《蚕赋》中说："古人作赋者多矣，而独不赋蚕，乃为《蚕赋》。"这就说明了蚕桑在当时社会中的重要作用。作者在书中详细记述了蚕的品种、习性、繁殖和生长规律。可见，当时的人对养蚕的技术掌握得很好。书中很重视蚕室的卫生与通风，要求每天打扫。在蚕的选种方面也有复杂的标准，基本能达到择优录取，至于

丝绸文化

温度调节和孵化的时间也有详细的数据可以参考。这一切都对蚕的质量的上升和产量的提高起到了积极的推动作用。

三国至隋唐五代时期，蚕茧的剥杀、缫丝、络丝、并丝、捻丝等工艺都照前代有长足的进步。由于对蚕的生理周期的熟练掌握，桑农已经能够准确地判断蚕蛹的化蛾时间，并且将其杀死，以防止蚕茧被破坏。比较普遍的杀茧的方法是震茧，就是用手把蚕茧猛烈摇晃直到蚕蛹被震死。北魏贾思勰在《齐民要术》中记载了另外两种杀茧的方法——晒茧和盐渍，即把蚕茧暴晒或盐浸以便将蚕蛹杀死。由于暴晒的方法容易使蚕茧薄脆易破，所以逐渐被盐渍所代替，但是盐的选用很有讲究，必须用东部沿海的细盐才能做到不影响丝胶的光洁度。

这一时期，纺织用的生产工具也有了很大的变化，缫丝的工具主要是手摇的缫车。战国秦汉时期，缫车主要是轴辘式的，到了两晋南北朝时期，手摇缫车开始在国内推广，等到隋唐时手摇缫车已经在全国普遍使用。络丝用的丝筏和并丝用的纺车都有所改善。在西北和西南的晋代古墓中都曾经发现以上两种工具，做工精巧，使用方便，大大提高了生产效率。

织造工具在东汉以前是比较笨重的，在三国时期，提花机有了巨大的改进。《三国志》卷二十九《方技传》中记载了马钧对提花织绫机的改进："时有扶风马钧，巧思绝世。傅云之曰：'马先生，天下之名巧也。旧结机者，五十综者五十镊，六十综者六十镊。先生患其费工丧日，乃皆以十二镊。其奇文异变，因而作者，犹自然之形成，阴阳之无穷。'"从文中我们可以看出，马钧将原有的五十、六十镊的提花机改良为十二镊，使提花机更加简洁而精巧，这一发明一直被沿用到了唐朝。

## （三）练漂和印染技术的进步

这一时期的练漂和印染技术都有长足的进步。练漂主要分为水练、灰练和捣练三种。三国两晋时期，水练一直受到重视。水练的基本方法就是把丝绸放入水中，待六七日水微臭，将其取出，丝绸便可柔韧洁白。水练方法简单易学，对丝绸纤维的伤害小，但是周期过长。到了隋唐时期，由于丝绸的需求量增大，灰练逐渐被广大群众接受。练丝所用的草木灰的品种也逐渐增加，藜灰、冬灰、蒿灰、木灰都被广泛地用于练丝。捣练则是与水练相结合的，张萱在《捣练图》中描绘道：两名妇女身着素装，各人手持一根与身体等高的木杆进行捣帛，另两名妇女进行辅助。生动地展现了捣丝的画面。

印染方面，染料的种类大大增加，提炼和制作的工艺也娴熟得多。这一时期，植物染料的使用已经超过了矿物染料。首先是红花的广泛使用，在全国范围内逐渐地取代了茜草，成为了提炼红色染料的主要原料。黄色染料在魏晋南北朝时期，需求量大大增加，除了原有的黄栌外，还大量地应用了物美价廉的地黄。蓝草也开始被广泛应用于提炼青色。提炼和制作工艺上，根据《齐民要术》记载，直接法已经逐渐被程序严整的制靛法取代。隋唐时期，颜料的印花技术也获得了长足的发展，它利用颜料优良的覆盖性，排除底色的干扰，从原来单一的印绘结合的传统工艺向染色、印花、绘画三种工艺相结合的多彩套印方向发展。从日本的考古发掘工作来看，这一时期的燃料印花技术已经传入日本，并且得到了日本贵族的青睐。镂空型版夹缬印花技术、蜡缬印花技术、绞缬等其他的丝绸印花技术，在南北朝时期都日趋成熟，到隋唐时期工艺技术进一步发展，在服饰印染、室内装修、贵重礼品等方面被广泛使用。值得一提的是，绞缬为魏晋年间西北少数民族发明创造的，花纹主要有梅花、鹿胎、小鱼等，主要是用于妇女的服饰和室内装潢。隋唐时期，绞缬技术传入了内地，并且得到了上流社会女性的广泛追捧，据说杨贵妃就曾经身着绞缬技术制作的小鱼花纹的服饰为唐明皇献舞。

**（四）丰富多样的官营、民营丝织品**

三国至隋唐五代时期，丝绸的产地和品种都发生了巨大的变化，从产地上看，首先是产地的区域继续扩大，其次是重心进一步南移。同经济重心南移的情况基本一致，中国丝绸生产的发展也有一个重心南移的过程，即从黄河流域转移到长江下游的江南一带。多数学者认为，这个转移的过程结束于宋代，也就是说，三国至隋唐五代时期，中国蚕桑丝织的重心正逐步从北方向江南转移。但是丝绸的生产不是一家或一地能完成的，个人生产出的生丝很大一部分要作为税收上缴，由政府统一加工，而大多数的官营丝织作坊都在北方地区，所以唐末以前，中国的丝绸生产仍然主要集中在北方地区。

这一时期，历代王朝都拥有庞大的官府丝织机构，规模巨大的丝织作坊遍布各地。

三国时期，蜀国就有官营的丝织作坊，隶属于锦官府，由后宫宫女担任生产，官府还雇佣一部分民间的织机和织工进行生产。魏国和吴国在尚方御府下也设有织室和丝织作坊，用宫女进行生产，但在规模和水平上都不如蜀国。

到了两晋南北朝时期，官营丝织作坊已经十分普遍了。东晋时期的北方十六国中，已经普遍有了尚方御府来负责丝织品生产，下设织锦、织成两署进行分管，各有巧工数百人。其中以后赵石虎的官营作坊规模最大。

到了隋唐五代时期，隋朝设有少府寺监，下设织染署，专门管理丝绸的生产。唐承隋制，但是机构更加细化。织染署掌管天子、太子及群臣服饰的织造。设专官监视，技术不许流传到外面，一年中费用和织成的匹数，都得奏明。织染署所领作坊有绫锦坊巧儿三百六十五人，内作使绫匠八十三人，掖庭绫匠一百五十人，内作巧儿四十二人。当时杨贵妃得宠，专为贵妃院做工的织工绣工多至七百人，其中自然有很多织锦巧儿。可见唐朝时期官府丝织生产规模是远远超过前代的。

随着官营丝织作坊的不断扩大，民间的丝织业也有了很大的发展。特别是南方地区的桑树栽培也得到推广，为民间丝织业的发展提供了丰富的原料。加

中国文化遗产

上政府将丝织品定为实物地租进行强制征收，使原来没有种植桑树的农民不得不植桑养蚕。一时间，民间丝绸生产在区域上和数量上都明显增加了。特别是在三国两晋南北朝时期，民间的丝织生产得到了飞速发展，从四川一地来看，围绕成都的川南、川西等地，丝织业都得到了飞速的发展。到了隋唐五代时期，民间的丝绸生产已经非常专业，官府也开始大量雇佣民间的"明资匠""巧儿"为官营作坊工作。在唐代的都市中，还大量存在"铺"

"坊"等丝织作坊，有很多作坊还集中在一个固定的街区，以便形成整体竞争力，这被通称为"行"。在当时的河北一地，就集中了绢行、大绢行、小绢行、彩帛行、彩绵行等三百余家作坊。

这一时期，丝绸的品种得到了空前的丰富。早在曹魏时期，就有了襄邑的锦绣，南北朝时期又出现了精美华贵的缂丝（亦称"刻丝"），还有名闻遐迩的成都蜀锦，都是当时丝织品高超水平的代表。但是当时丝织业真正的成就还是在唐朝时期出现的，根据《唐会要》记载，在当时的丝织品中，沙、罗、绮、绢、绫、锦发展得都比较快，特别是绫和锦，其花色纹理、做工技术都代表了当时的最高水平。

纱在隋唐的文献中比较常见，分为平纱、隔纱、巾纱、轻容等。轻容是一种无花薄纱，是最轻的一种纱。陆游《老学庵笔记》说，亳州出轻纱，入手似无重量，裁做衣服，看去像披轻雾。一州只有两家能织，世世相互通婚，防秘法传入别人家，说是从唐朝传来已有三百余年。亳州纱可能就是轻容的一种。

罗的品种也十分丰富，产地主要是河北道的恒州、剑南道的益州、江南道的越州等地。

绫是一种品种高档的丝织品，产地很广，产量很高。唐代有三十四个州向政府缴纳品种众多的绫，其中以越州的缭绫最为出名。白居易《缭绫篇》说："缭绫缭绫何所似，不似罗绡与纨绮，应似天台山上明月前，四十五尺瀑布泉。中有文章又奇绝，地铺白烟花簇雪。织者何人衣者谁，越溪寒女汉宫姬。去年中使宣口敕，天上取样人间织。织为云外秋雁行，染作江南春草色。"这是用青白两色丝织成的花绫，丝细质轻，费工极大，宫中用作春天的舞衣，"汗沾粉污不再着，曳土踏泥无惜心"，随便浪费了。统治阶级只求赏心悦目，民众的痛苦根本就不在意，缭绫做舞衣，奢靡腐朽自不必说，但也从另一个角度说明了丝织业的发达。

绮在唐代也十分普遍，但是主要在民间，贡赋所用的很少。

绢在唐代的丝织中也是十分精巧的，特别是轻绢，根据《太平广记》记载：一匹正够四丈，称起来只有半两。文中虽有夸张处，但是极轻当是事实。

锦类是丝织品中最为华贵的一种，在唐代更是光彩夺目，在品种、结构、图案和制造工艺上都有新的突破。锦分为经锦和纬锦两大类。经锦分为二色和三色，几组经丝相互交织，用一把梭子在织物的正面浮点起花。蜀锦闻名全国，并成为经锦的杰出代表。蜀锦兴起于汉，鼎盛于魏晋至隋唐，是四川成都一带出产锦的一种通称。蜀锦织造精致，着色以大红为主，花纹取材广泛、变幻无穷，色彩绚烂多彩。刘备取得益州时，赐给下属重臣蜀锦各千匹。公元 263 年，蜀国政府拨给军队统帅姜维锦、绮、彩各二十万匹，作为军资。从这里也可以看出，蜀锦不仅产量巨大，而且品种花色也十分丰富。诸葛亮曾将产量大而且质量上乘的蜀锦发放给少数民族以抵御痘疫流行。此后苗锦、壮锦、侗锦都受到了中原文化的影响，少数民族为了纪念这段民族间的友好交往，将锦称为"武侯锦""诸葛锦"等。纬锦是用两组或两组以上的纬丝同一组经丝相交织，用两把梭子在织物的正面浮点起花。纬锦的品种很多，如凤纬锦、宝花锦、百鸟锦等，典型代表是晕裥锦，它利用不同颜色的纬丝，在织物表面织出由深到浅、逐层过渡、层次分明的横向条纹，如同日月周围的晕气，故称"晕裥"。其立体感强烈，花纹有对雉、斗羊、翔凤、游麟等形状，文彩奇丽，提花精美绝伦。在唐朝时代，丝绸之路第二次开通，精美瑰丽的纬锦传入中亚与西欧等地区，成为大唐文化的使者。

## 五、宋元明清的桑蚕丝织业

　　宋元明清时期已进入封建社会的晚期，封建的人身依附关系日益松弛，商品经济发展，科技文化进步，个体私营经济壮大，全国各地的经济文化交流加强，封建社会中产生了资本主义萌芽。从 960 年赵匡胤建立北宋到 1840 年鸦片战争爆发，我国北方的经济遭到了几次很大的破坏。连年的战争，使中原和长江流域地区的社会经济遭到了巨大的破坏，特别是蚕桑丝织业，其损毁程度更是严重。但是向往中原文化的少数民族政权逐渐认识到了桑蚕丝织业在社会经济中的重要作用，转而采取了"劝课农桑"和保护农业的措施，桑蚕丝织业逐渐恢复起来。可以说，这一时期的蚕桑丝绸还是呈现出良性发展的趋势。

### （一）统治者对桑蚕丝织的重视

　　这一时期的统治者总体上对蚕桑丝绸业是重视的，但是这种重视是不连贯的。唐末之后的五代十国持续了五十多年，北方政权交替更迭，战争连绵不断，南方相对稳定，中国的经济重心呈现南移的趋势。北宋建立后，与辽、西夏政权连年对峙，签订了一系列条约，承担了大量的"岁贡""岁赋"，其中很大一部分是绢、帛类的丝织品，个别年份多达数十万匹。在北方经济遭到严重破坏的情况下，宋朝统治集团要承担这么大的丝织品消耗，必须加大对南方丝织业的开发力度。根据《宋会要》记载，北宋时期从民间征收的丝织品中，南方可以占到四分之三强，而北方只能占不到四分之一。南方的丝织品大部分来自于江浙，全国的蚕桑丝织业呈现出明显南盛北衰的态势。

　　到了南宋时期，长江以北的大片地区割让给了金国，每年的"岁贡"更是有增无减，偏安一隅的南宋小朝廷只能把南方的桑蚕丝绸业视为经济命脉。根据《宋史》的记载，政府向当地的桑农提供了很多的优惠政策，督导力度大大

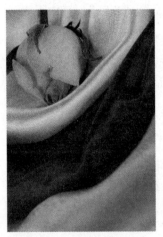

加强。江浙地区上缴的丝绸每年多达近二百万匹，这个数量已经大于四川地区，成为南方丝绸的生产中心。

辽金统治者作为北方南下的少数民族，最初对蚕桑丝绸业没有足够的认识。契丹骑兵四处"打草谷"，金国的猛安谋克户四处放牧，对北方的大片桑树林进行肆意的砍伐与损毁，很多宝贵的桑树被当做木材烧火取暖。但是到了金世宗大定年间，统治者认识到了桑蚕丝织业的重要性，很多猛安谋克户被要求种植桑树，金国许多的城市都开始收缴桑税，北方的植桑养蚕业得到了初步的恢复和发展。

1235年，蒙古铁骑开始挥师南下，刚刚恢复起来的蚕桑纺织业又遭到破坏，大量的桑树种植园被夷为牧场，丝织工匠被当做奴隶驱使从事繁重的体力劳动，长江以北的丝绸生产处于停滞状态。到了元世祖忽必烈时期，才开始接受耶律楚材的建议，"劝课农桑"，注意恢复丝绸生产，并且编纂《农桑辑要》来促进农业发展。

虽然历代少数民族统治者最终都能认识到桑蚕丝织业的重要性，但是连年的破坏已经使北方的桑蚕丝织业积重难返，根本无法恢复到唐朝时期的水平，等到了明清时期，桑蚕丝织业的重心已经完全迁移到了江南地区。

这一时期，丝绸的产地主要集中在江南地区。江南自宋代成为全国三大丝绸生产中心之一后，经过元代的过渡，到明后期成为全国最为重要的丝绸生产基地，蚕桑丝绸商品生产日益兴盛，表现出普遍化的倾向。南宋时，杭州、苏州、湖州等城镇中已有"机户""机坊家""织罗户"等专业机户，开展生产丝绸业务。在湖州等广大乡村，不少农家从事蚕桑织绢副业生产，产品绝大部分作为商品出售，以换取口粮。按照农学家陈旉的说法，十口之家，养蚕十箔，以一月之劳，即可抵过种稻一年的收入。生产形式虽是副业，但生产目的却是为了市场，产品则是商品。

明后期，进入小冰期，世界性气候变冷，适宜种桑养蚕的地域南移。太湖地区地势低洼，气候潮湿，特别适宜栽桑缫丝织绸。湖州、嘉兴、苏州、杭州等地广大农户出于收益考虑，种桑缫丝收入大约三到四倍于种稻，于是纷纷将种植水稻的"田"

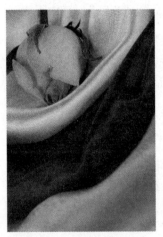

中国文化遗产

改为栽种桑树的"地"。到康熙二十年前后，杭嘉湖三府田减了1463顷，而地升了1671顷。各地蚕桑生产极为兴盛，湖州各县几乎"无不桑之地，无不蚕之家"；嘉兴各地，"土著树桑，十室而九"；杭州各地，"遍地宜桑，春夏间一片绿云"；苏州的吴江等地，清代前期，"乡村间殆无旷土，春夏之交，绿荫弥望。通计一邑，无虑数十万株云"。农家将种桑养蚕所得视为相当于种粮收入的重要来源，吴县洞庭东、西山"贫家富室皆以养蚕为岁熟"，而嘉兴、湖州等地视蚕熟为另一个秋熟。蚕桑生产已经完全商品化和专业化，以至桑秧、桑叶、蚕种和蚕都逐步成为商品，在固定的地区固定的市场出售。

除了长江流域外，广东的珠江三角洲流域也是明清时期发展起来的另一个桑蚕产区，当时具有地方特色的"桑基鱼塘"，在两广地区得到了大力推广，大大提高了桑叶的产量。

丝绸文化

### （二）生产技术与生产工具的进步

随着南方桑蚕丝织业的发展，植桑养蚕技术也有了巨大的进步。

首先是桑树品种的增多，元代的《农桑辑要》将桑树分为鲁桑和荆桑两大类。而清代的学者卫杰在其著作《蚕桑萃编》中则将桑种按产地分为鲁桑、荆桑、川桑、湖桑四大类。在桑树的栽培方面，最主要的成就是嫁接技术的使用。嫁接技术在宋代已经得到了普遍的重视，到了元代则更加系统化、科学化。元代的《农桑辑要》详细地总结了嫁接的六种方法，分别是：冠接、根接、皮接、枝接、片芽状接（古时称为靥接）和搭接。先进的嫁接技术使桑树的优良品种和性状得到了充分的发挥，极大地提高了桑叶的产量和质量。

在养蚕技术方面，宋元明清时期也获得了巨大的进步，出版了许多的总结养蚕技术经验的著作。如元代司农编撰的《农桑辑要》将养蚕的要诀总结为"十体""三光""八宜""三稀""五广"等。宋代的《耕种图》详细地记载了蚕桑生产需要进行的"二十四事"，并配以图片进行详细的记述，是中国古代最早的科普读物。明代还发明了杂交技术培育新蚕种的先进方法。根据宋应星《天工开物》的记载，用一化性的雄蚕和二化性的雌蚕进行杂交可以培养出优良的新品种。这一时期的桑蚕饲养技术也有了提高，主要有两种。其中一种是药补，就是用生地黄汁喂蚕，提高蚕丝的韧性和长度。还有固定的方格簇，用来给蚕划定固定的生活空间，使蚕茧的大小整齐划一。陈旉在《农书》中提到了蚕的黑、白、红三种僵病，并对可能导致蚕发病的不利环境条件进行了探讨。

柞蚕是鳞翅目大蚕蛾科柞蚕属，古称野蚕、槲蚕，一种吐丝昆虫，因喜食柞树叶得名。茧可缫丝，主要用于织造柞丝绸。中国是最早利用柞蚕和放养柞蚕的国家。柞蚕这一名称最早见于晋人郭义恭撰《广志》，其中记有"有柞蚕，食柞叶，可以作绵"。中国山东是柞蚕的发源地。据中国近代地理学家张相文及当代历史地理学家侯仁之、史念海等根据《禹贡》等古籍的考证认为，中国柞丝远在周代以前就有了。《禹贡》中所载的青州（山东省）所产的"檿丝"即柞丝，《管子·地员篇》中提到"其榆其桑"，这就说明早在春秋时期柞树已作为经济林木，备受人们重视。经汉代至明代，古文献中有"野蚕成茧"的记载，柞蚕生产地区分布极广。当时的种茧、放养、织绸技术由官员、蚕师或农民先后传播到河南、贵州、四川、辽宁和吉林等省。

柞蚕的正式大规模放养开始于明代，这一时期，柞蚕的人工放养和柞蚕丝的缫制技术都已经十分成熟。特别是山东地区，人工放养的柞蚕遍布整个胶东半岛。在清代做过"三部"尚书，人称孙国老的山东孙廷铨写了《山蚕说》一文，其中详细地记述了胶东一带农民放养山蚕的情况。书中记述了放养的具体环节：1.孵卵。时间与柞叶萌发生长情况相适应，一般春蚕在放养前15日左右，秋蚕在放养前8—11日进行。孵卵温度，春蚕适温和秋蚕适温均有详细的记述，相当于现在的22—26℃。相对湿度，春蚕和秋蚕都有相近的描述。孵卵后期，卵鸣结束第四天，蚁蚕即破壳而出。2.放养。常用柞蚕幼虫不喜摄食而喜群集的植物叶引集蚁蚕，均匀撒放在有新梢嫩叶的柞树上，然后吐丝结茧。

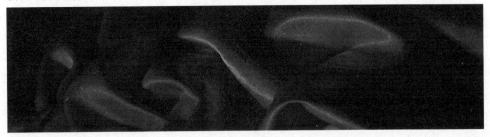

之后移入室内，室内饲养面积小，管理方便，又可避免虫、鸟、兽、风、雨、干旱、低温等的侵害。3.匀蚕。即通过剪枝将分布过密的蚕调整到邻近无蚕或少蚕的柞树上，以利摄食和栖息。4.移蚕。为使叶质、叶量适合不同龄期柞蚕生长发育的需要并维护柞树生长繁茂，到适当时期将蚕全部移至另一蚕场。一般春蚕多移，秋蚕少移。

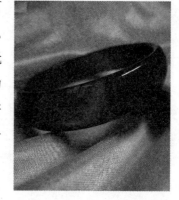

在整个放蚕季节，"弥山遍谷，一望蚕丛"，气势蔚为壮观，可见山东的养蚕业十分发达。等到了康熙、雍正、乾隆年间，政府对其特别重视，各地的督抚大员更是极力督导，柞蚕的人工放养技术得到了很大的提高，从选种、留种、育种到放养都形成一套专门技术。并且传播到了河南、陕西、山西、贵州、四川、湖南和安徽等地。

这一时期，蚕丝的缫制技术也有了很大的提高。清代学者王挺在《野蚕录》中有详细的记载。缫丝要经过剥茧、炼茧、蒸茧三道工序。剥茧就是把茧从树上完好地取下来。炼茧就是用掺以草木灰和纯碱的沸水煮茧，使其丝胶溶解，然后用热釜蒸，去掉碱气，放入缫丝车进行缫制，这样的制作工艺更加科学，有益于提高蚕丝的质量。秦观在《蚕书》中描述了这一时期的缫车，"上有钱眼添丝……如轴辘……右足踏动……曰缫车"。宋元时期的缫车主要是手摇，脚踏还不普遍。等到清代时期，脚踏缫车已经十分普遍了，一个人就可以操作一辆车，缫丝的产量得到了很大的提高。到了明清时代，丝织机的种类增多，绢、帛、锦等织物都有了相应的小机或腰机，还有专门用于编织花纹的花楼提花机。宋应星在《天工开物》中记载了很多丝织机的图样，特别是用于制造丝带的"栏杆机"，不但为汉族的百姓织出了的精美丝带作为装饰品，更被回、维、蒙、藏、苗等兄弟民族广泛使用。到了清代以后，由于棉花产量的增加，棉纺织业飞速发展，逐渐大于丝绸纺织业。所以这一时期的棉纺织机快速进步，而丝织机变化不是很大。

### （三）印染练漂技术的继续进步

这一时期的印染练漂技术也得到了很大的提高。在宋代已经由两人对立的单杆竖捣发展为两人对坐的双杆卧捣，极大提高了劳动效率。这在明代徐光启的《农政全书》中有详细的记载，书中还记述了明代人用碱练和酶练相结合的方法。为了减弱碱练对丝织品的破坏，明清时期的工匠普遍用猪胰灰混合浸泡，可以有效地保持丝绸的光泽度。这一工艺被后世一直沿用。

印染技术在这一时期有重大的发展。大量的染料投入使用，丝绸的色彩得到了极大的丰富。绿矾和白矾得到了普遍的使用，成为当时民间重要的媒染剂。江南的民众很多用碇花、黄丹等草木灰代替矾充当媒染剂，其使用分为单媒、多媒、预媒、后媒等多种方法，染色的效果比过去更好。

丝织品的印花技术在这一时期也有了新的发展。特别是染缬技术有了新的提高，大量的官服公服都采用染缬精制而成。染缬中的凸版印花和印金、印银工艺还在兄弟民族地区得到了广泛传播，现在的苗族、瑶族地区还可以找到这种工艺的痕迹。还有宋元时期的镂空印花技术，由西北少数民族发明，元末传入中原的扎经染色等染色工艺，在这一时期均大放异彩。染色的色彩也比过去丰富，根据《天工开物》的记载，丝绸染色的名称可以分为：红、黄、青、绿、黑、紫、白、褐八种颜色，共计色名六十八种。书中不仅列举了近三十种颜色的染色过程，还记述了多种可以提取燃料的植物，其中产于东北地区的鼠李所提取出来的绿色，被国际上称为"中国绿"。

宋元明清时期，丝织品主要分为官营和民营两部分。官营的丝织业规模很大，在宋元时期称为"院""场""作"，下设大量的织染局、绫锦局。明代的官府丝织业更是十分发达，在中央称为南、北两京，内、外织染局，属于地方的织染局更是星罗棋布，遍及大江南北。到了清代官府的丝织生产机构有北京的内织局和江宁、苏州、杭州的三处织造局，大量制作的精美绫、绮、绉、罗、锦等丝织品都是由官营丝织局生产的。民营的丝织业在宋元时期还不成规模，但是到了明清两代则获得了很大的发展。南京、苏杭等地均有大量的丝织作坊，

中国文化遗产

特别是在一批新兴的丝绸重镇，如江苏的盛泽、吴兴的菱湖、乌程的乌青、桐乡的濮院等镇，丝织业几乎成了当地农民的主要职业。民营的丝织作坊织造的丝绸在种类上与官营大抵相当，但质量上还是略逊一等。值得一提的是，随着明清时期封建匠籍制度的瓦解和废除，民间的丝织业得到了巨大的发展，丝织品

的商业化程度大大提高了。特别是在江南地区，民间机户的数量大大增加，乾隆、嘉庆年间，根据政府的统计，民间的私人织机有八九万台。随着丝织业的不断竞争和发展，小织户大量的破产，大户则是通过吞并、购买等手段不断地扩大生产和经营规模。冯梦龙的《警世恒言》上就记载了施复通过丝绸发家的故事。可见"以机杼致富者尤多"。小户的境遇就远远不如大户了，一部分通过自己的织机勉强生活，另一部分则是完全丧失生产资料，彻底沦为雇佣工。大户被称为"机户"，小户被称为"机工"，他们之间的雇佣关系是"计日受值"，也就是计时工资，而且很多雇主和雇工的关系已经固定下来，从康熙、雍正年间的历史资料中均可以看到"匠有常主"的记载。雇主通过使用自由的雇佣劳动者从事商品生产，利用所得的利润进行扩大再生产，这样便在丝织业领域形成了原始的资本主义生产关系的萌芽。

### （四）丰富多样的丝织品

宋元明清时期，丝织品从花色到品种都有了巨大的提高。锦、绫、绒、缂丝等几大类丝织品生产获得了突破性的发展。其中宋代的织锦（俗称宋锦）、元代的织金锦、明清两代的云锦，都是当时最名贵的丝织品。

织锦在两宋的丝织品中占有极其重要的地位，花色齐全，名目繁多。始于北宋末年，产于苏州，民间俗称宋锦，即宋式锦。朱启钤《丝绣笔记》："秘锦向以宋织为上。泰兴季先生，家藏淳化阁帖十帙，每帙悉以宋锦装其前后，锦之花纹二十种，各不相犯。先生殁后，家渐中落，欲货此帖，索价颇昂，遂无受者。独有一人以厚货得之，则揭取其锦二十片，货于吴中机坊为样，竟获重利……今锦纹愈奇，可谓青出于蓝而胜于蓝矣。"学者们通常把泰兴宋裱织锦作

丝绸文化

为宋锦之源。元以后，宋锦多被作为皇帝赏赐给大臣的贵重物品。至清代，宋锦更在吸取宋代花纹图案的基础上，采用清式组织，有了较大创新，并成为苏州织锦的统称，到了清末，宋锦主要用于装裱书画。

织金锦是元代最具特色的奢侈品之一，人称"金搭子"。它色彩明丽，深得酷爱金饰品的游牧民族的追捧，更是蒙古上流贵族必备的奢侈品。织金锦的制作方法比较简单，就是把黄金碾碎成切丝镶嵌在织物中，或是把金箔包裹在织物的外面，形成质地柔软的金丝，就可以编织华美的丝织品了。

在明清时期众多精美的丝织品中，最具代表性的就是云锦了。云锦形成于元代，其源可追溯到南朝。南朝前南京无锦，据山谦之《丹阳记》载，刘裕灭后秦，迁其百工于建康成立锦署，结束了江南历代不产锦的历史，以后锦署遂成为南朝各代官府丝织手工业的常设机构。织锦技艺渐进，至明清大兴，并形成显著的自身特点：用料考究，织制精细，大量用金、银丝线装饰织物花纹，织出的花纹瑰丽如云，产生金璧辉煌、绚丽多彩、高贵典雅的艺术效果，也由此使南京云锦日益脱离服饰方面的实用价值，而跻身名贵艺术品的行列。"烂如云锦天机织"，云霞般绚烂瑰丽的云锦，其代表品种库缎（又称摹本缎）、库锦（又称库金、织金）、妆花等等，长期独领风骚，至今仍然享誉国内外，成为中国丝绸文化的杰出代表。

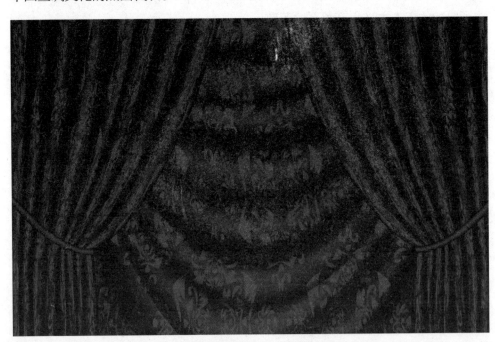

# 六、海上丝路与陆上丝路的并兴

## （一）陆上丝绸之路的发展

丝绸作为中国劳动人民的伟大发明，除了满足国内统治阶级和市场的需要之外，还以不同的方式输出国外。

最早关于丝绸贸易的记载见于战国时期的《穆天子传》，书中大量记载了中原商队的西行，以及动辄百吨的丝绸贸易，尤其具有史料价值的是"新疆—葱岭—帕米尔—吉尔吉斯斯坦"的丝绸贸易路线，这与丝绸之路东段的一部分是吻合的。在前苏联的阿尔泰地区和德国南部慕尼黑一代的古墓群中，发现了大量的丝绸残骸，这与《穆天子传》的记载不谋而合。

《史记·货殖列传》中也有关于秦代丝绸贸易的记载："乌氏倮，畜牧，及众，斥卖，求奇缯物间献遗戎王。戎王什倍其偿，与之畜……秦始皇帝令倮比封君，以时与列臣朝请。"就是说有个叫乌氏倮的放牧人，把自己的牛羊卖掉，购买了汉族珍奇的丝绸，并且献给了少数民族的首领，以获取利益。首领给了他十倍的报偿，秦始皇也因为他的商业头脑而很赏识他，封他为列侯。但是汉代以前，中国与西方的丝绸贸易还不是经常性的。

到了秦、汉之际，北边的匈奴迅速强大，对汉帝国构成了严重的威胁。汉高祖刘邦为了保持边境的安宁，对匈奴采取和亲、馈赠和缔约的策略。馈赠的主要物品是丝绸，每年都是定数。不但数量较大，而且质量也非常好。到了文帝、景帝时，应匈奴的要求，在长城险要关卡处普遍设有"关市"，丝绸自然是关市交易的主要商品。但同东北其他少数民族之间如乌桓、鲜卑等则是没有关市的。

在中国的南部边疆，中国丝绸最迟在公元前4世纪已输入印度。输入的路线约有五条：即西域道、西藏道、缅甸道、安南道和南海道。从印度公元前4

丝绸文化

世纪的史籍中已经可以看到关于"中国成捆的丝"的记载，说明当时中国精美的丝绸已进入了印度半岛，极大地促进了中国与南亚各民族的经济文化交流。

在中国的西部边疆，中国向西域和欧洲的丝绸输出，在秦代以前已经开始，这也是中国丝绸对外输出的主要路径，其国际影响力远远超过其他三个方向。西汉初年，通往西域的道路被迅速崛起的匈奴阻隔。随着汉朝的经济、军事实力的恢复，到了汉武帝时期，派遣张骞两次出使西域，经历了千难万险。第一次是在公元前138年，张骞带着百余名随从从长安西行，历时十三年返回长安，向汉武帝报告了在西域的见闻，以及西域各国想和汉朝往来的愿望。这次出使虽然没能达成原定计划，但是掌握了有关西域的大量资料，为日后打通西域奠定了成功的基础。第二次是在公元前119年，汉武帝派张骞第二次出使西域。张骞率领使团三百多人，带牛羊一万头，金币绢帛数千巨万，作为馈赠礼物，加上当时汉王朝军事上的胜利，成功地访问了西域的许多国家。西域各国也派使节回访长安。汉朝和西域的交往从此日趋频繁。张骞第二次出使获得成功，打开了中原同西域之间的通道，开始了同西域各国的商贸和文化交往，闻名古今中外的"丝绸之路"在汉王朝与西域少数民族的共同努力下逐渐形成了。

"丝绸之路"这个词的出现最早是见于西方的，19世纪末，德国的地理学家李希德·霍芬在中国的甘肃省和新疆维吾尔自治区考察时，看到从东面来的商队，便想这是否就是古代运送丝织品的通道，他在其所著的《中国》一书的第一卷中第一次将这条路命名为"丝绸之路"，此后这个词汇便被应用于专指这条连接东西方的贸易之路。

丝绸之路一般可分为三段，而每一段又都可分为北中南三条线路（为了便于阅读，文中大都使用现代城市名称）。

东段：从长安到玉门关、阳关。（汉代开辟）

中段：从玉门关、阳关以西至葱岭。（汉代开辟）

西段：从葱岭往西经过中亚、西亚直到欧洲。（唐代开辟）

以下为丝路各段上的重要城市名称。

东段路线：

东段各线路的选择，多考虑翻越六盘山以及渡黄河的安全性与便捷性。三线均由长安或者洛阳出发，到武威、张掖汇合，再沿河西走廊至敦煌。

北线：从泾川、固原、靖远至武威，路线最短，但沿途缺水、补给不易。

南线：从凤翔、天水、陇西、临夏、乐都、西宁至张掖，沿途水源较为丰富，但路途漫长。

中线：从泾川转往平凉、会宁、兰州至武威，距离和补给均属适中。

公元10世纪，北宋政府为绕开西夏，开辟了从天水经青海至西域的"青海道"，成为宋以后一条新的商路。

中段路线：

中段主要是西域境内的诸线路，它们随绿洲、沙漠的变化而时有变迁。三线在中途尤其是安西四镇多有分岔和支路。

南线：东起阳关，沿塔克拉玛干沙漠南缘，经若羌、和田、莎车等至葱岭。

中线：起自玉门关，沿塔克拉玛干沙漠北缘，经罗布泊、吐鲁番、焉耆、库车、阿克苏、喀什到费尔干纳盆地。

北线：起自安西，经哈密、吉木萨尔、伊宁，直到碎叶。

西段路线：

自葱岭以西直到欧洲都是丝绸之路的西段，它的北中南三线分别与中段的三线相接对应，其中经里海到君士坦丁堡的路线是在唐朝中期开辟的。

北线：沿咸海、里海、黑海的北岸，经过碎叶、怛罗斯、阿斯特拉罕等地到伊斯坦布尔。

中线：自喀什起，走费尔干纳盆地、撒马尔罕、布哈拉等到伊朗，与南线汇合。

南线：起自帕米尔山，可由克什米尔进入巴基斯坦和印度，也可从白沙瓦、喀布尔、马什哈德、巴格达、大马士革等前往欧洲。

丝绸文化

151

那时，丝绸成为罗马人狂热追求的对象。古罗马的市场上丝绸的价格曾上扬至每磅约十二两黄金的天价，这造成罗马帝国黄金大量外流，迫使元老院断然制定法令禁止人们穿着丝衣。根据史料记载，克利奥帕特拉，这位埃及历史上著名的艳后也是一位丝绸爱好者，她经常穿着丝绸外衣接见使节，并酷爱丝绸制品。

然而，当中国进入东汉时代以后，由于内患的不断增加，自汉哀帝以后的政府放弃了对西域的控制，令西域内部纷争不断，后期连年不断的战争更令出入塔克拉玛干的商路难以通行。当时的中国政府为防止西域的动乱波及本国，经常关闭玉门关，这些因素最终导致丝路东段天山北南路的交通陷入半通半停，丝绸贸易陷于停滞状态。

到了公元7世纪到12世纪，丝绸之路迎来了二度繁荣，随着中国进入强盛的唐代，西北丝绸之路再度引起了中国统治者的关注。为了重新打通这条商路，中国政府借击破突厥的时机，一举控制西域各国，并设立安西四镇作为中国政府控制西域的机构，新修了唐玉门关，再度开放沿途各关隘，还打通了天山北路的丝路分线，将西线打通至中亚。这样一来，丝绸之路的东段再度开放，新的商路支线被不断开辟，加上这一时期东罗马帝国、波斯保持了相对的稳定，令这条商路再度迎来了繁荣时期，中国的丝绸、瓷器等奢侈品再次步入西方贵族的藏宝室。安史之乱后的唐朝开始衰落，西藏吐蕃越过昆仑山北进，侵占了西域的大部。中国北方地区战火连年，丝绸、瓷器的产量不断下降，商人也为求自保而不愿远行。西北丝路的衰落日益明显，而南方丝绸之路与海上丝路的开辟，逐渐有取代西北丝路的现象，丝绸之路再次陷于混乱。

13世纪以后，中国迎来了另一个少数民族的统治时期——元朝。勇猛善战的蒙古骑兵不但摧毁了大量的城市，也摧毁了以往在丝绸之路上的大量关卡和腐朽的统治，令丝绸之路的通行比以往各个朝代都要通畅便利。元朝的统治者，

中国文化遗产

对这些从西方前来的商人抱以非常欢迎的态度，古老的丝绸之路得到了恢复和发展，马可·波罗和长春真人丘处机的游记中就体现了这一点。

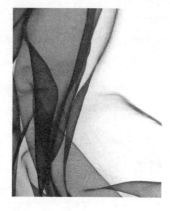

随着历史的脚步逐渐步入 14 世纪，包括中国在内的亚欧大陆逐渐进入了寒冷的阶段，中国人称其为"明清小冰期"，西域地区已不再适合当时的人类居住。西北丝绸之路的东端几乎已经荒废。而西域各古国大多已不复存在，成为流沙之中见证丝路辉煌的历史遗迹，永远尘封在人们的记忆中。

20 世纪 40 年代后，丝绸之路沿线的许多地方，如武威、敦煌、楼兰、吐鲁番、和田，以及俄罗斯境内的奥格拉格提等许多地方，先后出土了两汉时期的绢、纱、罗、绫、锦等各种丝织品，给我们今天考察当年丝绸之路上的丝绸贸易和我国古代丝绸生产提供了珍贵的实物资料，也见证了那段曾经辉煌的历史。

### (二) 海上丝绸之路的发展

除了陆上丝绸之路，当时还有一条海上丝绸之路。海上丝路起于秦汉，隋唐时期与陆上丝路并行发展，到了唐安史之乱后，中国经济重心南移，海上丝路的地位逐渐提高，到了宋元时期尤其繁盛，明初达到顶峰，明中叶伴随着政治斗争和海禁而衰落。

《汉书·地理志》上有关于海上丝绸之路最早的记载。秦、汉时期，东南沿海地区的人民已"好桑蚕织绩"，现在广东雷州半岛的徐闻和广西的合浦等城市，已发展成为重要的贸易口岸。中国海船从两地出发，带着黄金和丝绸，前往东南亚一带开展贸易，交换东南亚各国的奇珍物产。书中还对当时的贸易路线和航程作了简要的介绍，从徐闻或合浦出发，行船一个月左右，可到都元国（今越南港口），又行四个月到邑卢没国（今泰国），再行船二十多日到湛离国（今缅甸丹那沙林）、夫甘都卢国（今缅甸）和黄支国（今印度康契普拉姆），然后从已程不国（今斯里兰卡）返航，经皮宗国回国。这条环绕东南亚的航路被叫做"南海丝绸之路"，也就是通常所说的"海上丝路"。近年来，在这条丝路起点的许多墓穴中特别是合浦墓中，发现大量的琉璃、珠玉、玛瑙、水晶等物，可能就是用丝绸交换来的东南亚各国的特产。

中国各个时代的海上丝路的重要起点有番禺（后改称广州）、登州（今烟台）、扬州、明州（今宁波）、泉州、刘家港等。同一朝代的海上丝路起点可能有两处乃至更多，规模最大的港口是广州和泉州。广州从秦汉直到唐宋一直是中国最大的商港。明清实行海禁，广州又成为中国唯一对外开放的港口。泉州发端于唐，宋元时成为东方第一大港，侨居的外商多达万人，乃至十万人以上。历代海上丝路，亦可分三大航线：

1. 东洋航线由中国沿海港口至朝鲜、日本。

2. 南洋航线由中国沿海港口至东南亚诸国。

3. 西洋航线由中国沿海港口至南亚、阿拉伯和东非沿海诸国。

海上丝绸之路虽然不及陆上丝绸之路繁荣，但它沟通了中国东南沿海地区与东南亚各国的交往，促进了各国的经济文化交流，其意义是举足轻重的。陆

中国文化遗产

上与海上丝绸之路的开辟与发展，不仅畅通了中国同西亚、欧洲，中国同南亚、东南亚各国之间丝绸运销的交通，还带去了华贵的丝和丝织品，美化了当地人民的生活和服饰，加速了这些地区的文明进程，有的地区甚至跨越几个发展阶段，从身披麻布的半裸体状态一下飞跃到穿着华贵的丝绸阶段。向东传入了朝鲜、日本及东南亚各国，向西传入了波斯、中亚、罗马以及西欧各国，使蚕桑种子和养蚕织绸技术成为了东西方共

同的物质文化遗产。当然，两条黄金贸易路线传播的不仅仅是丝绸，还有瓷器、冶铁、炼钢和打井技术。与此相应，国外许多有益的东西也传入了中国，如葡萄、苜蓿、胡麻、黄瓜、胡椒、胡桃等，据说都是张骞带回来的。此外，还有地毯、毛织物、蓝宝石、金银器、玻璃制品、珍珠、土耳其石以及罗马、波斯的银币等，极大地丰富了中国的物质文化生活。正是这条丝绸之路，拉近了中国与世界的关系，其文化影响力已经远远大于丝绸本身了。

# 中国楹联

楹联是中华民族的文化瑰宝。《辞海》中对"楹联"一词的解释是："也叫'楹帖'、'对联'、'对子'。悬挂或粘贴在壁间、柱上的联语。"对"对联"一词的定义："即楹联。"实际上，楹联就是对联的雅称，而对联是楹联的泛称和俗称。从字义上看，楹，也就是房柱或者门柱。过去对联经常刻写在楹柱上，楹联名称由此得来。而要谈起楹联的历史，就要追溯到几千年前的上古时代了。

# 一、楹联史话

细心的读者不难发现，我国四大名著《三国演义》、《水浒传》、《西游记》、《红楼梦》的回目，有一个完全相同的表现形式。《三国演义》从第一回"宴桃园豪杰三结义斩黄巾英雄首立功"到一百二十回"荐杜预老将献新谋降孙皓三分归一统"；《水浒传》从第一回"张天师祈禳瘟疫洪太尉误走妖魔"到一百二十回"宋公明神聚蓼儿洼　徽宗帝梦游梁山泊"；《西游记》从第一回"灵根育孕源流出心性修持大道生"到九十九回"九九数完魔灭尽三三行满道归根"；《红楼梦》从第一回"甄士隐梦幻识通灵贾雨村风尘怀闺秀"到"甄士隐详说太虚情贾雨村归结红楼梦"。它们相同的地方，就在于通篇回目，无不是由字数相等、断句一致、平仄相合、音调相应的上下两句成双组成，这也正是中华民族独有的一种艺术形式——楹联。

《辞海》中对"楹联"一词的解释是："也叫'楹帖'、'对联'、'对子'。悬挂或粘贴在壁间、柱上的联语。"对"对联"一词的定义："即楹联"——楹联与对联，实际上是一回事，楹联就是对联的雅称，只不过更加强调其文学性质上的意味。对联是楹联的泛称和俗称。此外，楹联还有许多五花八门的别称如对子、门对、春联、春帖等，达数十种之多。我们顾名思义来看一下，楹，也就是房柱或者门柱；过去对联经常刻写在楹柱上，楹联名称由此得来。而要谈起它的历史，就要追溯到几千年前的上古时代了。

## （一）楹联与桃符（上古先秦）

关于楹联始于桃符这一说法，可以参照清代学者、楹联大师梁章钜先生的《楹联丛话》："尝闻纪文达师言：楹联始于桃符。蜀孟昶余庆、长春一联最古，但宋以来，春帖子多用绝句，其必以对语、朱笺书之者，则不知始于何时也。按《蜀梼杌》云：蜀未归宋（965 年）之前，一年岁

中国文化遗产

除夕日，昶令学士辛寅逊题桃符版于寝门，以其词非工，自命笔云：'新年纳余庆，佳节号长春。'后蜀平，朝廷以吕余庆知成都，而长春乃太祖诞节名也。此在当时为语谶，实后来楹帖之权舆。但未知其前尚有可考否耳。"

相传上古时候，东海度朔山上有一棵大桃树，树干虬曲蜿蜒三千里，这棵桃树东北端有一条拱形的枝干，树梢一直弯下来直抵地面，形成一扇天然的大门。朔山住着各种妖魔鬼怪，要出门就得经过这扇桃枝门。清晨金鸡报晓之时，前一天夜晚出去游荡的鬼魂就必须赶回鬼域。这扇通往鬼域的桃枝门两边有一对神将把守，名叫神荼、郁垒。这两位神将只要发现害人的恶鬼，就用芒苇编成的网子去捆住他们，并丢去喂一只老虎，因而所有的鬼魂都畏惧神荼、郁垒。从周朝起，每逢年节，百姓就在大门两旁悬挂长方形桃木板，据《后汉书·礼仪志》记载，桃符长六寸，宽三寸，刻制两位神将的图像，悬挂在大门或卧房门的两侧，以镇邪驱鬼、祈福纳祥，这就是桃符的由来。后来人们嫌年年在桃木板上绘制神像过于麻烦，改为直接在桃木板上题字。在桃符上画门神的习俗，发展到后来，便成了门神年画，而在桃符上题字这一形式，则与文学结合起来，成了春联的前身。

先秦以前，是中国古典文学的发端萌芽时期，早在这一时期的中华文化，就潜在着偏爱对称的传统。具体到文学中，体现为口头上的对对子，诗文中的对偶句法，可谓源远流长。如《尚书》中有"满招损，谦受益"；《诗经》有《小雅·采薇》之"昔我往矣，杨柳依依；今我来思，雨雪霏霏"，《大雅·旱麓》之"鸢飞戾天，鱼跃于渊"；《易经》有"乾以易知，坤以简能"；《论语》有"学而不思则罔，思而不学则殆"，"乱世之音怨以怒，治世之音安以乐"；《道德经》中"有无相生，难易相成。长短相形，高下相倾"等，都是工整的对偶句。此外，在建筑和日常用具中，人们也注重这种对称性和平衡性，秦汉瓦当上镌刻的"千秋万岁，长乐未央"字样，对工精巧，令人叹为观止。当然这时候的对仗还只是一种无意识的朴素修辞观，并非出于强制性的格律和严格的要求。

中国楹联

157

## （二）楹联与骈文（两汉魏晋）

到了两汉魏晋，人们开始自觉地、有意识地将这种具有整齐美、对比美、音乐美的修辞手法应用于创作作品中。整个汉代文坛，恢弘大气繁复华丽的赋占据了大半壁江山，这是一种半文半诗的文体，讲究文采和韵律，尤其是骈偶对仗。以司马相如的《长门赋》为例，文中堆砌罗列了大量如"登兰台而遥望兮，神怳怳而外淫。浮云郁而四塞兮，天窈窈而昼阴"一类的句子；再者如淮南小山《招隐士》："山气兮石嵯峨，溪谷崭岩兮水曾波。"班固《两都赋》："雕玉瑱以居楹，裁金璧以饰珰。"张衡《归田赋》："弹五弦之妙指，咏周孔之图书。"这些对仗较工整的句子，较之单行散句有着独特的美感形态。

魏晋以来，由于对语言工整华丽的进一步追求，一种更为新颖的文体开始流行——骈文，主要特点是以四六字句式为主，讲究对仗，因为句式两两相对，犹如两马并驾齐驱，故被称为骈体，又称"骈体文"、"骈俪文"或"骈偶文"；又因常用四字、六字句，所以也称"四六文"或"骈四俪六"。全篇以双句（俪句、偶句）为主，讲究对仗的工整和声律的铿锵。如庾信的《哀江南赋》："既倾蠡而酌海，遂测管而窥天。方塘水白，钓渚池圆。侍戎韬于武帐，听雅曲于文弦。乃解悬而通籍，遂崇文而会武。居笠毂而掌兵，出兰池而典午。论兵于江汉之君，拭玉于西河之主。"曹植《与杨德祖书》："有南威之容，乃可以论于淑媛；有龙渊之利，乃可以议其断割。"陆机《吊魏武帝文》："资高明之资，而不免卑浊之累；居常安之势，而终婴倾离之患。"我们管窥蠡测，可以由此得知当时文坛注重对仗到了怎样的地步。这种习气甚至渗透到了人们的日常生活、口头交际中，《晋书》中记载：陆云与荀隐鹤第一次见面时，互报姓名也要字数相当、一一对应："云间陆士龙，日下荀隐鹤。"

到了南朝，诗人以做诗工稳为胜。齐、梁时期，著名诗人沈约创造了"永明体"。"永明体"严格要求对仗和声律，并有了"四声八病"之说（"四声"即平、上、去、入四声；"八病"即平头、上尾、蜂腰、

中国文化遗产

鹤膝、大韵、小韵、旁纽、正纽)。沈约在《宋书·谢灵运传论》中曾说道："欲使宫羽相变，低昂舛节，若前有浮声，则后须切响。一简之内，音韵尽殊；两句之中，轻重悉异。"这些都为以后楹联走向成熟提供了良好的条件。

但是，这种文学上的传统还只能说明对偶是我国诗文的特色，尚不能说楹联起源于那个时代。

### (三) 楹联与律诗 (唐宋五代)

隋唐时期，格律诗日渐兴盛。律诗又称近体诗，正式形成于唐代，但其溯源则始于魏晋。曹魏时，李登作《声类》十卷，吕静作《韵集》五卷，评定出清、浊音和宫、商、角、徵、羽诸声。此外，孙炎作《尔雅音义》，用反切注音，奠定了音韵学中的反切法。一般的五、七言律诗，都是八句成章，中间二联，习称颔联和颈联，句读、平仄、意思都要求一一相对，平行对仗，这就是标准的律偶。文人墨客们热衷将点睛之笔凝注于律偶的对句中，一时形成"摘句评品"的时风。如李白的"三山半落青天外，二水中分白鹭洲"，"山随平野尽，江入大荒流"；杜甫的"一去紫台连朔漠，独留青冢向黄昏"，"三顾频烦天下计，两朝开济老臣心"；崔颢的"晴川历历汉阳树，芳草萋萋鹦鹉洲"；白居易的"猿攀树立啼何苦，雁点湖飞渡也难"；李商隐的"春蚕到死丝方尽，蜡炬成灰泪始干"，"身无彩凤双飞翼，心有灵犀一点通"等等，上下句之间，无不一词一对应。因而有人说楹联最直接的渊源是律诗。

晚唐五代，桃符上开始出现联语，人们一般在上面写上一些吉利的词句，代替了神荼和郁垒的名字。关于"楹联始祖"最为通行的版本，是五代时后蜀君主孟昶的桃符题词。关于孟昶桃符题版一事，《宋史·西蜀孟氏世家》、张唐英的《蜀梼杌》、黄修复的《茅亭客话》、梁章钜的《楹联丛话》以及谭嗣同的《石菊影庐笔识》等都有所载。《蜀梼杌》一书记载："蜀未归宋之前，一年岁除夕日昶令学士辛寅逊题桃符版于寝门，以其词非工，自命笔云：'新年纳余庆，佳节号长春。'后蜀平，朝廷以吕余庆知成都，而长春乃太祖诞节名也。"个中玄妙，恐非天意。又据《宋代楹联辑要》所载，孟昶花园中有百花潭，兵部尚书王瑶题句曰："十字水中分岛屿，数重花外见楼台。"可说是我国史册见诸最早的园林楹联。

不过，在追求严谨的历史研究者眼中，关于"最早的楹联"又有了更多不同的看法。1991年第4期《文史知识》上《我国最早的楹联》中认为，根据敦煌研究院研究员谭婵雪在敦煌遗书《斯坦因劫经》0610卷背面的文字记录："岁曰：三阳始布，四序初开／福庆初新，寿禄延长／又：三阳□始，四序来祥／福延新日，庆寿无疆／立春曰：铜浑初庆垫，玉律始调阳／五福除三祸，万古□百殃／立春□户上，富贵子孙昌／又：三阳始布，四猛初开／□□□故往，逐吉新来／年年多庆，月月无灾／鸡□辟恶，燕复宜财／门神护卫，厉鬼藏埋／书门左右,吾傥康哉。"从"三阳始布""书门左右"等字可以推断出，这是当时春联所用的吉语，由此可见楹联至少产生于晚唐以前。

此外，还有学者推断，五代时期除夕题联业已成为习俗。事实上，早在三国两晋南北朝这一时间段，应该就产生了楹联这一文化形式，并有南朝梁代文学家刘孝绰和其妹刘令娴所作楹联为证。谭嗣同的《石菊影庐笔记》记述，刘孝绰罢官不出，自题一联于门上："闭门罢庆吊，高卧谢公卿。"其妹也作一联："落花扫仍合，从兰摘复生。"虽然联句欠工，但语句皆为骈俪，又题于门上，比起后蜀孟昶的桃符题词要早四五百年，因此有人说它们才是我国最早的楹联。

到了宋代，联语不限于题写在桃符上，开始推广张贴于楹柱上，"楹联"之名由此流传，被作为点缀园林景观或人文建筑的艺术作品，被文人学士们广泛接受和喜爱，并形成了题联的风气。文人们纷纷题联以显示自己的情趣和风范，有的题书于自家厅堂宅院，有的则题写在书院、寺庙、园林。北宋大文人

苏轼和南宋理学家朱熹都很喜欢题联。相传当年苏轼被贬黄州，除夕访友时，曾在友人门上题联云："门大要容千骑入，堂深不觉百男欢。"至今民间流传的苏轼巧对的故事相当多。《朱子全集》所载朱熹题写的对联也不少，如"日月两轮天地眼，诗书万卷圣贤心"，很能反映朱熹的哲学见解。元代楹联已悬于殿堂酒楼。据载，元世祖忽必烈召北宋王室后裔，大画家赵孟頫北上京师，过扬州明月楼的时候，主人请赵孟頫题联，他挥笔而就："春风阆

苑三千客，明月扬州第一楼。"

究竟谁才是天下之先已经不重要了，可以确定的是，楹联最晚诞生于隋唐，发展成熟时期在北宋至五代，这是毋庸置疑的。

### （四）楹联与春联（明代以降）

楹联家族中最为庞大的一个世系，莫过于春联了。春联之设自明太祖朱元璋始。根据梁章钜《楹联丛话》对《簪云楼杂说》中民间故事的引用：朱元璋初登大宝，定都金陵（南京），除夕之夜命令公卿士庶在宅府门口贴春联一副。朱元璋自己则微行出游，寻访乐趣。突然见到有一家门上没有春联，朱元璋就亲自书写了一副"双手劈开生死路，一刀割断是非根"，令这家人贴在门上。据说朱元璋还数次题联赐给大将徐达，其中有一联云："始余起兵于濠上，先崇捧日之心；逮兹定鼎于江南，遂作擎天之柱。"这个故事说明，明朝时，上至王公贵族，下至贩夫走卒，除夕贴春联已经成为举国风俗。

清朝康熙帝六十寿辰和乾隆八十寿辰时，两次祝寿盛宴成为宫廷楹联创作的高潮。虽然多数是"润色洪业，鼓吹承平"之作，但由于"皆出当时名公硕彦之手"，而且要求严格，因此必然有利于楹联结构的规范化。有清一代是楹联文学的全盛时期。南怀瑾先生早已将"清对联"与唐诗宋词元曲相提并论，从事清代文学史研究的赵雨先生也认为，"清代的主流文体是楹联"。孙髯的昆明大观楼长联和梁章钜的《楹联丛话》（1840 年）是楹联发展史上的转折性里程碑，标志着楹联已经成为可以与诗词曲赋骈文分庭抗礼、媲美争妍的独立文体。从此，文人学士以楹联赠答，用对联作文字游戏，成为一时风尚。此时楹联的内容和形式都发生了很大变化。从形式上看，出现了许多长联，一联多达数百字，有的甚至达千余字；从内容上看，它可以表示志趣，表示喜庆，也可以表示哀悼，表示讽刺，以春联、寿联、挽联、门联、厅联、庙联、名胜联、商业联、游戏联等各种形式百花齐放，楹联已成为中华民族社会生活的重要文化形式，经历了辛亥革命、抗日战争直至今日，流风之盛丝毫未减。

## 二、楹联分类

　　走进中华楹联的世界，你会仿如走进一方令人眼花缭乱、目不暇接的天地，你可以说它是一座百花盛放、热闹非凡的大花园，也可以说它是一座无奇不有、琳琅满目的博物馆，还可以说它是一片五彩斑斓、鱼贝缤纷的海洋……但是，怎么让花园里所有的花朵次序开放呢？怎么能把博物馆里的展品排列得井井有条呢？怎么为海里所有的鱼虾蟹贝分门别类呢？

　　楹联也是如此，正因为它的博大精深、包罗万象，要想以单一的方式进行脉络清晰的分类，无异于竹篮打水。但若不总结出一些能够按图索骥的线索，对于想要对楹联有更深一步了解的初学者来说，又未免会无从下手、望洋兴叹。清朝梁章钜的《楹联丛话》、《楹联续话》、《楹联三话》把对联分成十个门类，即故事、应制、庙寺、廨宇、胜迹、格言、佳话、挽词、集句、杂缀；民国年间出版的《楹联集成》将对联分成二十个类别，即庆贺、哀挽、廨宇、学校、商业、会馆、祠庙、寺院、剧场、第宅、园墅、岁时、名胜、投赠、香艳、集字、集句、滑稽、白话、杂俎；谷向阳主编的《中国对联大典》，将楹联按其内容分为道德人伦、警世格言、婚寿贺赠、岁次纪年、书院学堂、缅怀悼挽、政务衙署、名胜园林、厅堂居寝、姓氏联珠、岁齿衔华、春联撷英、时令佳节、行业商肆、集字集句、艺海拾联、碑帖串骊、诗词裁锦、基督圣教、地理联话、谚语趣话、海外拾萃、名家题赠、联苑故实、征联求偶等；陆伟廉的《对联学知识导读》，按长短划分为短联、长联，按文辞性质划分为诗型联、词型联、文型联，按用途划分为春联、喜联、寿联、挽联、楹联、游戏联。此外种种，不一而足。作为业余爱好者，为了在最短时间内对楹联有一个全面的把握，我们姑且按照楹联在不同场合的不同用途，将其分为笼统的八个大类，来初探冰山一角吧。

### （一）节令喜庆通用联：春联

　　春联属于楹联中出镜率最高、更新率最快的

一种，它对仗工整、文字精巧、内容多与
祈祥纳福、辞旧迎新、喜庆如意的主题有
关。每逢岁末除夕，无论城市还是农村，
大街小巷挨家挨户都要精选一副大红春联
贴于门上，为春节增加喜庆气氛。

世界上最早的春联是："三阳始布，
四序初开。"这副春联记载在莫高窟藏经洞
出土的敦煌遗书《斯坦因劫经》（卷号为0610）上，这部遗书记录了十二副在
岁日、立春日所写的春联，在本书第一章中有所提及。该联为排列序位中的第
一副，撰联人为唐人刘丘子，作于唐玄宗开元十一年（723年），较之后蜀君主
孟昶"新年纳余庆，佳节号长春"的题联早240年。宋代以后，"春联"由在
"桃符"即桃木板书写改为书于纸张、贴于楹柱，"楹联"这一名称始为通行，
当时的宜春帖多用联语，且以粉红笺写出。有些集诗经古语，有的集前朝诗句。
相传可考的，有王沂公皇帝阁立春联："北陆凝阴尽，千门淑气新。"可谓清新
洗练、挂人齿颊。

"百节之首"的春节是中华民族最为隆重的节日。贴春联，是民间庆祝春
节的第一件事情。如果从秦汉开始计算，中国贴春联的历史已有两千年，为什
么中国老百姓对贴春联这项传统一直情有独钟？这就涉及到中国百姓的传统思
维观念。俗话说："一年之计在于春。"中国人民自古就有寄希望于未来的乐观
思维，祈盼未来会给自己带来好运。无论过去一年过得高兴顺心，还是心愿不
遂、坎坷波折，总会将希望寄托于来年。春节正值隆冬逝去季节交替、新春来
临万象更新之际，中国人有个约定俗成的心理暗示，就是一年中有个好的开端
是最惬意、最吉利的事，表达自己的喜悦心情和对来年的美好期盼和厚望，就
需要通过贴春联这种仪式来完成。此外国人过春节讲究喜庆、吉利、热闹，吃
好喝好玩好，放鞭炮、走亲访友等都是这种喜庆心理的外在表达，而贴春联恰
恰是强化人们的喜庆心情和渲染气氛的一种外在手段。

传统春联一般红底黑字，稳重而鲜艳，表达人们对来年的美好企盼和愿望，
诸如"六畜兴旺，五谷丰登"之类。一副完整的春联由两幅直联和一幅横联也
即横批组成，直联有上下联之分，每幅最后一字有平、上、去、入等声韵（接
近现在的国音四声法，但有出入），上声、去声及入声字为上联，平声为下联。

中国楹联

春联的传统贴法为，面对正门，上联在右，下联在左，横额阅读顺序为从右至左。解放后由于横式书写格式改为由左向右，春联也可以上联在左，下联在右，横额顺序也是从左至右，适合人们的阅读习惯，成为常见的贴法之一。若是将两种春联贴法"混合使用"，就不太文明。

常见的春联有：

黄莺鸣翠柳，紫燕剪春风。横批：莺歌燕舞

腊尽千门暖，春归万物苏。横批：春回大地

和顺一门有百福，平安二字值千金。横批：万象更新

春雨丝丝润万物，红梅点点绣千山。横批：春意盎然

春满人间百花吐艳，福临小院四季常安。横批：欢度春节

五更分两年年年称心，一夜连两岁岁岁如意。横批：恭贺新春

南疆雨北国风风调雨顺，东海龙西山凤凤舞龙飞。横批：举国同庆

一些春联还注意反映不同行业、不同家庭不同的"幸福观"，如：

生意兴隆通四海，财源茂盛达三江。（商店、超市等销售行业）

自主经营，厂家如虎添翼；林海安家，窗含无边春色。（林业加工厂）

一口能吞二泉三江四海五湖水，孤胆敢入十方百姓千家万户门。（保温瓶厂）

日月两轮天地眼，诗书万卷圣贤心。（书香门第）

五岭莺歌又燕舞，川原蝶舞翩翩好；九州马叫并牛欢，田野牛耕户户忙。（农耕家庭）

因此，对一地春联的考察和研究，无疑是了解该地民间风情的一个最便捷快速的途径。

### （二）专用联：喜联、寿联、挽联

喜联、寿联和挽联都是在特殊场合特殊时间使用的楹联，在我国民间都十分常见。

喜联是为贺婚嫁、乔迁以及其他喜庆之事而作的楹联，始于清代。梁章钜《楹联丛话》一书中，有三副楹联都是有

关婚嫁方面的。其中乾隆年间的一副，记载的是乾隆年间一个叫做冯诚修的江南诗人，和自己的夫人同庚，乾隆四十七年（1782年）80岁，结婚亦正好60年。结褵周甲之日，"亲友门生，骈集称庆"。冯与夫人"重行花烛交拜之礼"，并自题联曰："子未必肖，孙未必贤，屡忝科名，只因老年娱晚景；夫岂能刚，妻岂能顺，重谐花烛，幸邀天眷锡遐龄。"虽然这副楹联

非他人所赠而出自当事人之手，但题于夫妇"重谐花烛"之时，因此也算是有据可考的第一副喜联吧。还有两副，说的是嘉庆、道光年间，户部侍郎程春海在京续娶，友人黄左田赠联："调羹定识威姑性，洒翰应增吕子书。"调羹，调制羹汤以奉公婆。威姑，用现代话说就是婆婆。洒翰，写作。吕子书，引用了宋代吕祖谦在蜜月期间写成《东莱左氏博议》一书而被引作新婚佳话的典故。另一友人陈石士赠联："博议书成临月按，合欢酒热对花斟。""博议"见前面提到的《东莱左氏博议》。此外又有《楹联二话》中所载乾隆、嘉庆年间，天津太守牛稔文的儿子成亲时，大名鼎鼎的学士纪晓岚所题赠的一副："绣阁团圆同望月，香闺静好对弹琴。"上联暗切"吴牛喘月"，下联暗切"对牛弹琴"，说牛而不见"牛"字，虽有玩笑意味，但单从字面上看，全联讲夫妇和谐，已是一副十足的喜联。

光绪十六年（1890年），光绪皇帝举行结婚大典。英国维多利亚女王送给他一封贺信和一座自鸣钟，钟上刻的竟是一副用汉字书写的喜联："日月同明，报十二时吉祥如意；天地合德，庆亿万年富贵寿康。"日月和天地，都是指皇帝和皇后。光绪帝结婚，英女王也送喜联，可见当时喜联的使用和影响，已经十分广泛。

清代以来，婚嫁喜联大为普及，青年们新婚燕尔，贴婚嫁喜联也为喜庆的气氛更增添不少热烈的色彩。今天的喜联仍旧基本保持着传统的格调，如"两情恩爱乐冬夏，十里馥馨延韶华""荷叶池中鱼比目，蓝桥石畔凤双飞"之类。一些婚嫁联比较庄重，但内容诙谐的也不少，这又有雅俗之分。前面所引纪昀"绣阁团"一联，上下联各含一个成语，风趣又不伤人，亦庄亦谐。清末林庆铨题贺友人李岱阳之父续弦一联，亦属此类。李岱阳的亲生母亲早逝，其父晚年孤寂，重娶一寡妇。林庆铨得知，遂戏题一联："阿婆学作新嫁娘，争看螺髻

盘青，有绕膝孙曾戏呼少妇；尔翁本是美男子，倘把虾须濡墨，使比邻姊娌错讹檀郎。"檀郎，旧时对夫婿或所爱男子的美称，因晋代美男子潘岳小名檀奴而来。

以上都是旧时常见的婚联，现在许多人在撰写婚联时则喜欢推陈出新，除了对吉祥之辞增添新的含量，有人还将新郎、新娘的年龄、姓名、职业、恋爱过程等融入或嵌入联句之中。这是婚嫁联的一个创举，更容易为人们所接受。一副热烈、吉庆、幽默的婚嫁联会给婚礼增加无限情趣，如一对青年演员平日合演《西厢记》，后来两人结为伉俪，观众朋友赠联："娘子官人，平日无非演戏剧；生哥莺妹，今宵真要做夫妻。"将新婚夫妇的职业和新婚之喜融合得天衣无缝。再如下面一联："眼镜大夫，采中西，治顽疾，药到病除，交称华佗扁鹊；斯文小姐，呕心血，育桃李，餐忘寝废，堪誉蜡烛春蚕。"全联以新郎、新娘的职业为主线，新郎是医术高超、斯文近视的大夫，新娘是教书育人、废寝忘食的人民教师，真的是"门当户对"。

上面所举婚联，都是别人题贺的。我国苏北旧俗，男女订婚都要写庚帖。庚帖上除了写生辰八字而外，还要写一副表示吉庆的对联。按风俗由男家出上联，女家对下联。一般请人代作，内容也通常是"鱼水千年合，芝兰百世荣"之类的话。但也时有佳对。如潘、何二姓联姻，潘家的出联是："喜潘家有田有水兼有米"，此联将"潘"字拆为"水"、"田"和"米"三字。何家的对句是："庆何氏添人添口又添丁"，将"何"字拆为"人"、"口"和"丁"三字，对得极工。江西崇仁、永丰一带，也有类似的风俗习惯。所不同者，只是对联是贴在花轿上而不是写在庚柬上。而且，男家出联太易，会被认为对婚事不重视；

女家对不上来，也会被男家看不起，因此，两家对此事都非常认真。特别有趣的是，男方把上联贴在花轿上迎亲，新娘快上轿时也把所对的下联贴在轿上，这时，围观者便喊："对上了！""对得好！"既夸对联，又夸新郎新娘。在结婚时让双方对对联，看来正是为了达到这种双关的目的。通过这种方式产生的婚联，当然是好的见多。比如有一个新郎的名字叫做"胡美意"，因而迎亲的上联是："今月乃古月，美景良辰心像意。"此联用拆字和嵌名两法，把新郎"胡美意"的名字写了进去。女方的对句是："新人真可人，妙龄佳偶竞婵娟。"此联也用相同的方式，写进了新娘的名字"何妙娟"。

此外，也有宅邸落成或乔迁新居、喜得贵子、久别重逢一类喜事，人们也纷纷以对联道喜。民国年间，有一私塾先生于某地山边建一茅屋，落成之日，乡人以联贺曰："有竹有松，凤翔鹤住神仙地；无尘无扰，水绕峰环处士家。"由于喜事并非时时皆有，而且一办即过，所以喜联都带有临时应景的性质。喜联的内容也因事而定。但不管哪类喜联，都是为贺喜而作的，而且要使主人觉得有可喜之处，否则就不能叫喜联了。

寿联是为祝贺年长者生日而作的楹联，多称颂寿星的功劳业绩，祝愿其身体健康、长命百岁。最常见的莫过于"福如东海，寿比南山"了。寿联多用文言文，并且多用成语、典故、专名。但用成语典故之前，必须了解其含义，如祝六十岁寿用"花甲"，祝七十岁寿用"古稀"。但如用"南极"二字以祝女寿，用"宝婆"二字以祝男寿，就会贻笑大方了，因为寿星性别不同，所择用的联语也要有所侧重。有些词是专为区分性别和称谓的。如"椿"，即椿树，语出《庄子·逍遥游》："楚之南有冥灵者，以五百岁为春，五百岁为秋；上古有大椿者，以八千岁为春，八千岁为秋，此大年也。"以大椿象征高寿，后以其代指父亲，也称椿龄、椿庭。再如"萱"，语出《诗经·伯兮》："焉得谖草，言树之背。"因谖与萱同音，后人以萱草称之，为忘忧草。背，古文与北同音，指北堂。这是一首描写妇人思念从军远征的丈夫的诗，后人将"萱草"、"萱堂"、"北堂"作为母亲的称呼。可见，椿与萱既不可混用，更不能用于为别人家老者祝寿。

寿联中诸如"鹤算千年寿，松龄万古春""北海开樽本园载酒，南山献寿东阁延宾"一类的是通用联。而同样是五十岁，"数百筹之桑弧，过去五十，再来五十；问大年于海屋，春华八千，秋实八千"用于男寿，"设帨遇芳辰，百岁期颐刚一半；称觞有莱子，九畴福寿已双全"则只能用于女寿。因为古时男子出生，以桑木为弓，蓬草为矢，使射人射天地四方，以寓志在四方之意，故以桑弧蓬矢代指男子。据苏轼《东坡志林》，有三老人互问寿年，其一人曰：

中国楹联

167

"海水变桑田时，吾辄下一筹，尔来吾筹已满十间屋。"原意为长寿，后人将"海屋添筹"用作祝寿语。设帨，为女子生日之称。期颐，指一百岁。莱子，为人名，七十余岁还穿彩衣跳舞，以娱双亲。

古人大庆寿诞是有讲究的，一般逢十整寿大庆。这样一些专为庆贺其一整寿的联语便应运而生。如：

五岳同尊唯嵩峻极，百年上寿如日方中。 （五十整寿）

甲子重新如山如阜，春秋不老大德大年。 （六十整寿）

从古称稀尊上寿，自今以始乐余年。 （七十整寿）

日岁能预期廿载后如今日健，群芳齐上寿十年前已古来稀。 （八十整寿）

瑶池果熟三千岁，海屋筹添九十春。 （九十整寿）

人生不满公今满，世上难逢我正逢。 （百岁整寿）

此外，不同季节不同月份做寿，联语也可有所侧重，花样百出，篇幅所限不作详尽介绍。

挽联是哀悼逝者、治丧祭祀时专用的楹联。既是对逝者的哀悼，也是对生者的慰勉，一般写于长幅白纸上，也可以写在长幅白布、白绢上。一般贴在追悼会会场两侧、花圈上、灵棚两侧。

挽联通用联有：

流芳百世，遗爱千秋；音容宛在，浩气常存。

陇上犹留芳迹，堂前共仰遗容；桃花流水杳然去，明月清风几处游。

美德堪称典范，遗训长昭泣人。

一生俭朴留典范，半世勤劳传嘉风。

根据辈分关系的不同可分为：

一夜秋风狂摧祖竹，三更凉露泪洒孙兰。 （挽祖父或祖母）

思亲腊尽情无尽，望父春归人未归。 （挽父亲）

终天唯有思亲泪，寸草痛无益母灵。 （挽母亲）

夫妻恩，今世未全来世再；儿女债，两人共负一人完。（挽丈夫）

最怜儿女无知，犹自枕畔娇啼，问阿母重归何日；但愿苍穹有眼，补此人间缺憾，许良缘再结来生。（挽妻子）

然而，一副真正优秀的挽联，并不在于堆砌典故、陈词滥调，而应该有真情实感在里面。例如康熙帝挽民族英雄郑成功："四镇多二心，两岛屯师，敢向东南争半壁；诸王无寸土，一隅抗志，方知海外有孤忠。"就高度概括评价了郑成功一生的丰功伟绩，爱才惜才的痛惜之情溢于字里行间。此外，如林则徐挽友人——在虎门战争中为国捐躯的广州水师提督关天培："六载固金汤，问何人忽坏长城，孤注空教躬尽瘁；双忠同坎壈，闻异类亦钦伟节，归魂相送面如生。"而当一生尽忠报国、虎门销烟、坚守国门却遭小人毁谤、屡屡遭贬却矢志不渝的林则徐于道光三十年十月十九（1850年11月22日）辰时，指天三呼"星斗南"，与世长辞后，与林则徐同为爱国将领，曾在林则徐的大力支持下收复伊犁的左宗棠痛惜不已地写下了："附公者不皆君子，间公者必是小人，忧国如家，二百余年遗直在；庙堂倚之为长城，草野望之若时雨，出师未捷，八千里中大星沉。"而在左宗棠逝世后，对其惺惺相惜的李鸿章在挽联中毫不保留地将其引为自己唯一的知己并"为天下惜公"："周旋三十年，和而不同，矜而不伐，惟先生知我；焜耀九重诏，文以治内，武以治外，为天下惜公。"

### （三）宅第联：门联、厅联、装饰联

宅第联是"楹联"一词的本义出处，也称厅堂联，常悬挂或镌刻于大门、内门、后门、中堂等处的楹柱上，属于装饰联的一种，用以装饰环境、为宅地带来书香气息，联语多以祈祝祥瑞、寄物抒情、恪守祖训、激励功业、闲情逸致等内容为多。因宅第联具有长效性、不易更换，所以创作这类联时不宜趋时，要清新脱俗，同时体现出主人的情趣志向。如这副宅第联："好山入座清如洗，嘉树当窗翠欲流。"联语清新宜人，且对仗工整雅致，令人想起"槛外远山排闼

中国楹联

绕"之名句，意境优美，引人遐想。著名的"海纳百川，有容乃大；壁立千仞，无欲则刚"则是伟人林则徐所撰的堂联。以"难得糊涂"闻名的清代大学者郑板桥写的一副宅第联："一庭春雨瓢儿菜，满架秋风扁豆花。"笔调活泼，一派天然，将常见的景物风致融入一句之中，饶有野趣，却格调高雅，使读者不禁生发奇思妙想，一幅活生生的农家风物倏然跃入纸上，给人以美的感受。清代书法家邓元白自题宅第联则不仅写出了居处的自然特点，更将自己豁达、洒脱的品格注入联语中："茅屋八九间，钓雨耕烟，须知富不如贫，贵不如贱；竹书千万字，灌花酿酒，可知安自宜乐，闲自宜清。"文辞奇妙，作者若无此超凡而深远的心境，很难写出如此好句。再者如下面这副宅第联："无狂放气，无道学气，无名士风流气，方称儒者；有诵读声，有纺织声，有小儿啼哭声，才算人家。"上联以"无"、"气"形成复辞句，形成排比，点出儒者的礼仪之风；下联以"有"、"声"的复辞句形成排比，描绘了想象中的农家景象。此联融大雅的"诗书耕读"与大俗的"小儿啼哭"为一体，手法出奇制胜，用字俗中见雅，堪称联中佳品。

中国文化遗产

宅地内部居室中所用的门联、厅联更注重温馨舒适、惬意轻松气氛的渲染，以徐霞客自题小香山"梅花堂"联"春随香草千年艳，人与梅花一样清"为例，一般字数简洁、凝练精巧。再者如：

高堂日永，绮阁春生。（客厅）

以文会友，与德为邻。（客厅）

户牖观天地，诗书见古今。（书房）

诗礼袭遗训，风雪入壮怀。（书房）

月影窗前静，琴声雨后清。（卧室）

惜花春起早，爱月夜眠迟。（卧室）

### （四）行业联

现在楹联研究界对于行业楹联的起源说法不一。行业联定义有广义和狭义之分，广义的行业联以南宋朱熹为各地书院所撰写的教育类楹联作为行业楹联的起源，而狭义上的行业楹联则源自宋代春联中的工商行业春联，至明代始脱离春节的时间限制，成为在店铺开业时甚至一年四季长期悬挂使用的具有装饰与宣传效果的工商业用联，之后这一不同于春联的楹联种类被以民俗的形式固定和沿用下来，至清代晚期更为兴盛，余风至今不衰。

广义上的行业楹联而又确凿可考的，可以上溯到南宋朱熹为有关书院所题写的教育联。朱熹（1130—1200）是南宋著名思想家和教育家，一生从教四十年，修复、创建书院多处，平生撰写多副书院楹联，有些联的内容是较为纯粹的教育主题，如梁章钜《楹联丛话》载："又建宁府学明伦堂联云：'师师庶僚，居安宅而立正位；济济多士，由义路而入礼门。'松溪县学明伦堂联云：'学成君子，如麟凤之为祥，而龙虎之为变；德在生民，如雨露之为泽，而雷霆之为威。'"这些联语是专门为书院而题且内容紧扣教育主题，无疑应该视为行业楹联中的教育类楹联。

宋代之后，中国经历了近百年的元朝统治，其间虽有赵孟𫖯为元世祖题写宫中春联的故事，但总体来说中原文化习俗受到了北方游牧民族统治的极大冲击。明朝建立后，朱元璋下旨推广春联，为华夏文化重新繁荣推广创造了东风。在这场春联大普及的运动中，专用于市肆百业的春联便应运而生，前文提到的清人陈云瞻《簪云楼杂说》中所载朱元璋为阉猪户所题"双手劈开生死路，一刀割断是非根"的春联，虽然最终也未被张贴于门户之上，但究其语意，春联的意味并不浓厚，户主的职业特点倒是表现得十分鲜明，应该说是一副典型的行业春联。

这种市井百业所用的行业春联演化为常年悬挂使用的行业楹联，在明代经历了一个漫长的过程，到了明朝中后期，正德、嘉靖年间的李开先的对联专集《中麓山人拙对》、《中麓山人续对》中，有一些为医者所撰的行业联，如：

投闲大展眉间锁，却病全凭肘后经。

善人不怕三尸说，智者能调五脏和。

再者如，有外科良医洪石塘索对甚恳，率然答之，其精妙亦犹之前五对也：

上药坐收捐重价，外科立效出奇方。

世医徽郡原攻外，妙剂石塘善酌中。

这些联语均为应医师之请或主动为医者所撰写的医药行业楹联，而不再是岁末之际应一时之景的春联。由前文中"外科良医洪石塘索对甚恳"，可以推测出当时社会店铺门前悬挂与职业相切合的行业楹联，已经成为普遍现象。

此外，李开先罢职归里后所作的一些纯粹反映农村生活的"散对"，基本可以看作是专为农业或渔业而写的行业楹联，如：

龙爪豆，羊角葱，鸡鬃菜，甘蔗束牛腰，园圃之名蔬不一；鹰嘴桃，牛心李，虎头瓜，葡萄垂马乳，林泉之佳果惟繁。

蓑笠是冠裳，见客无言贪晒网；舟航为庐舍，打鱼有月急鸣榔。

明朝宣德、正德年间的明代著名书画家沈周，也流传着与医者向李开先索要楹联的事情相类似的故事：据说有位古董商请明朝大画家、书法家沈周为新开张的古董店题联，沈周根据店铺所处的位置，提笔写下了"小门面正对三公之府，大斧头专打万石之家"一联。由这一故事也可以反证出在明代中叶，市井各行业的从业者在春节、开张甚至永久性地张贴悬挂切合本行业特点的楹联，应已成为一种新的社会风尚。

清代独逸窝退士编《笑笑录》云：唐伯虎为一商人写对联，曰："生意如春意，财源似水源。"此人嫌该联表达的意思还不明显，不太满意。唐伯虎给他另写了一副，曰："门前生意，好似夏月蚊虫，队进队出；柜里铜钱，要像冬天虱子，越捉越多。"其人大喜而去。这则笑话虽然旨在嘲笑商人的庸俗贪婪，也未必就实有其事，但从侧面为我们展示了明清之际行业楹联的盛行景象。

随着市井百业楹联在明代的兴起和发展，行业楹联的其他几条主线衙署联、会馆联及书院联也在明朝产生或得到发展。

书院楹联在南宋经朱熹大力倡导之后，在明代得到了进一步的发展，例如在对联史上影响最大的一副书院楹联，便是明代顾宪成题东林书院联："风声、雨声、读书声，声声入耳；家事、国事、天下事，事事关心。"其他如明代高贲亨题白鹿书院联"列嶂成垣，永护考亭之遗迹；环溪作泮，遥通泗水之真源"等作品也有较大影响。

政府机构之类的楹联如题衙署联就目前的资

中国文化遗产

料来看，要以明朝理学家王阳明所题"愿闻己过，求通民情"一联为最早，清人陈宏谋《学仕遗规》载："王阳明巡抚江西，置二匣于行台前，榜曰：'求通民情，愿闻己过。'一时上下之情流通，奸匪皆无所容。"

明清之际的思想家李贽，福建省泉州人，嘉靖三十一年（1552年）中举人，官至云南姚安太守，曾自题官署楹联两副：

从故乡而来，两地疮痍同满目；当兵事之后，万家疾苦总关心。

听政有余闲，不妨甓运陶斋，花栽潘县；做官无别物，只此一庭明月，两袖清风。

明代前期出现了一种由同乡或同业组成的封建性团体，这些团体组织大多有一个建筑实体——会馆。朱元璋灭元建明、定国安邦后，南方的工商业得到了恢复，发展迅猛。仓廪足而知礼节，当时的江南士族重视科考，倡导读书。加之明清两朝实行科举制，所以当时学风极盛。明成祖迁都北京后，永乐十三年（1415年）恢复科举考试，受"一朝成名天下知"的吸引，四方学子悬梁刺股、囊萤映雪，以图功名。每年殿试之际，五湖四海的各省举子纷纷奔赴京城。他们大多家境一般，清贫无依，加之路途遥远，人生地疏，乡音难改，租住客店和日常起居常受京城一些店家的欺凌，举子们迫切希望这些问题能有人帮助解决。他们的困苦受到了先期来京做官经商的同乡或故交们的重视。出于同乡情谊，他们相互邀请，筹措资金，购置房产，供来京的举子和其他来京谋事或旅居同乡住宿之用，各省会馆纷纷成立。这种风气在嘉靖、万历时期趋于兴盛，清代中期最多。最早的会馆是永乐年间的北京芜湖会馆，最早在会馆中题写楹联的，据现有资料为明代书法家叶向高题福州会馆联。

叶向高是万历进士，官至礼部尚书。因其故籍为福建福清，便为福州会馆题写了三副著名的对联，一是福州会馆老馆正堂"燕誉堂"的楹联："万里海天臣子，一堂桑梓弟兄。"对仗工整，寓意深远，浪迹天涯的家乡游子衣食得其所托，同乡情谊之深厚可见一斑。另外两联为义园联，一联为："满眼蓬蒿游子泪，一盂麦饭故乡情。"另一联为："寄语往来人，莫为功名抛骨肉；伤心丘垄地，得归桑梓即蓬莱。"义园，是旧时收埋无主尸骨的坟园，而福州会馆义园

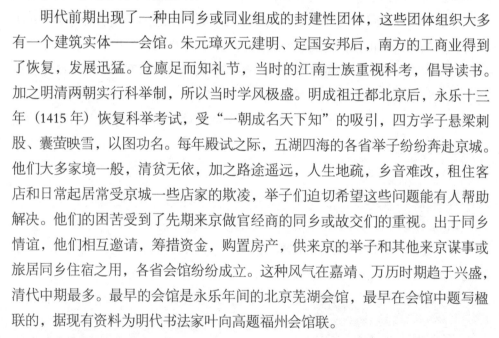

则专收埋在京亡故的福州人遗骨的场所。义园有慈善与社会福利的意味，从这一属性来说，义园联也可以算是公共事业类行业联中社会福利楹联的滥觞。

书院联、衙署联和会馆联在进入清代后得到了更大的发展，成为行业楹联中的几个重要分支。书院联一直发展到清光绪二十七年八月（1901年9月），清朝朝廷发布上谕，改全国书院为学堂，之后演化为现代教育类楹联。衙署联则在辛亥革命后演变为民国各级政府联，解放后又变易为当代的政府部门类楹联。会馆联发展到民国仍十分兴盛，建国后则被一律废除。戏台联在明代的资料不详，可能产生并光大于清代，民国及解放后仍以剧院楹联的形式存在。

进入清代，特别是清朝晚期向近代社会逐渐转型后，社会分工更趋于细致，行业对联的类型也随之大大增加。市井商肆所用的狭义的行业楹联得到了进一步的普及和发展，但对于一些对联名家的创作来说，每个人的题材分布还是相对较窄的，大致局限于名胜题赠、贺寿悼亡方面，出于知名联家对于这类实用性对联的偏见，真正保存这类联作的作者不多，纯粹的行业楹联的创作主要还是由民间的文士进行，各种对联著作一般都是从巧趣的角度来保存一些比较优秀的行业联作品。

在这种大的背景下，有"长联圣手"之称的钟云舫却显示出与众不同的创作理念，钟云舫（1847—1911年），又名祖棻，号铮铮居士，四川江津人，同治六年（1867年）考取秀才，后迁居县城设馆授徒，其《振振堂联稿·续稿》的第二卷题名为"各色春色"，也即各行业春节用联之意。其中分有客栈、茶社、饮食馆、烤房、绸缎、剃头、糖房、面房、铁匠、木匠、炭厂、柴厂、油房、灯笼铺、鞋铺、钉鞋、草鞋、斗笠、伞、扇、苏货、帽、袜、毡、毯、席、染、顾绣、织棉、织麻、织丝、裁缝等160多种行业，林林总总，包罗万象。除此

之外甚至还列出衙门内十五种分工的专用楹联，统而观之，简直就是晚清社会生活的一个缩影，这在对联史上重要联家的作品之中是绝无仅有的，在行业联发展史上很值得大书一笔。

清晚期行业楹联发展的一个鲜明的特色，是随着西方现代工业技术传入而产生了许多全新行业的楹联，如晚清"裁驿置邮"后设立邮政局，随着电报、电话的引进，相继出现了电报局、电

话局，与之相应的行业用联也随之出现，吴恭亨《对联话》载："邮政局联云：'置邮传命；为政在人。'又，电报局顾晴谷联云：'发乎迩，见乎远；观其器，知其工。'"而"只用耳提，何须面命；吾闻其语，未见斯人"，这是一百年前电话刚刚传入中国时的一副楹联，时至今日，信息传播已经成为人们生活中司空见惯的现象。

再者如随着火车的出现而产生了铁路业楹联，胡君复《古今联语汇编》："胶济铁轨之枕，不用木，而用铁，故车行之时稍觉平稳。某车站联：'如砥如矢，至鲁至齐。'"胶济铁路通车于1904年，此当为最早的铁路运输业的楹联。与此同时，在商肆百业联中也出现了从前所没有的新行业楹联，如煤气自来火行的"贯气居然能引火，生光原不借焚膏"。电气灯店的"光耀九天能夺月，辉腾一室胜悬珠"。

民国之后，行业楹联的发展进入了一个全新的历史阶段，首先是政府部门类楹联取代了传统的衙署联，随着各级各类党校的出现，教育类楹联也呈现出多姿多彩的景象，公共事业类楹联中的邮电、交通、金融等行业的新联语大量涌现，新闻出版业和新的文化娱乐业的楹联以及工矿企业类的楹联也进一步发展。新的社会文化也使得商业、服务业楹联呈现出一种新的气象。当时的商店、客栈、酒楼、茶馆除了在字号取义上讲究典雅风趣之外，还纷纷悬挂一些引人注目、耐人寻味的对联，以宣传商品之完美、服务之周到。例如一家照相馆的楹联是："还我庐山真面目，爱他秋水旧风神。"一张小小的照片，留下的是永远美好的回忆。

随着科技的进步，新领域新行业如雨后春笋纷纷问世，对联文化在传承文化、发扬传统的同时，也配合着各类新行业的出现而产生与之相应的新行业楹联作品。这段时期行业楹联发展的一个最大亮点，是大量的政府部门、企业、团体敏锐地认识到对联这一文体形式的独特优势，纷纷面向社会开展本行业或部门楹联的征集活动，社会反响强烈，佳作更是琳琅满目，显示出楹联文化的强大生命力和包容性。

新时期的楹联大多新颖夺目、妙趣横生，例如一家电脑打印店的楹联为：

"来来来打打打不打不相识，做做做印印印越印越称心。"一家网吧的楹联则是："网海茫茫悠悠冲浪纵横八方觅雅兴，鼠标点点飞翔求硕上下千年贪真知。"而一些传统行业和老字号企业则不再满足于简单平淡的广告，楹联以其涵盖面广、感染力强的恒久优势，越来越受到青睐。1987年，北京32家老字号如同仁堂、六必居、全聚德等就举办了一次大规模的征联活动，短短一个月时间，全国上下四海内外包括来自日本、马来西亚、新加坡等国家的两万多副应征联语如雪花般涌现。每一老字号各有一题联获一等奖，摘录部分如下：

大北照像馆：大千春色在眉头，鸥波画境；北地风光留倩影，鸿雪因缘。

大华百货公司：大度誉千家，乐得城中取乐；华堂盈百货，专从微处便民。

亿兆针织毛纺商店：亿家小康，干纬地经天事业；兆民大富，写五光十色文章。

元隆顾绣绸缎商行：元嘉元祐诗情，脉脉丰隆入针黹；顾缪顾韩玉指，纤纤文绣胜丹青。

六必居酱园：黍必齐，曲必实，湛必洁，器必良，火必得，泉必香，京华古都传统，必严必信，居家旅行，懿哉君子；味斯淳，气斯馨，泽斯清，质斯正，形斯雅，品斯精，嘉靖年间风骨，斯承斯盛，佐餐助酌，莞尔佳宾。

题仁和酒厂：莲比君子，菊咏高士；仁登寿域，和跻春台。

王麻子刀剪门市部：腕底走霜锋，镂月裁云，得心应手；案头挥雪刃，雕龙剪凤，快意怡情。

月盛斋酱牛羊肉店：月影透清香，酱炙牛羊称独步；盛情贻美味，誉流燕蓟飨千家。

东兴楼饭庄：北京城中北方馆，北方八家曾称首；东直门内东兴楼，东兴二度又飘香。

同仁堂药店：同气同声，济民济世；仁心仁术，医国医人。

全聚德烤鸭店：会雪羽之绮筵，玉脍金齑重寰宇；聚德星于雅座，凤肝鸾脯自天厨。

利生体育用品服务中心：利在国家，供大众增强体质；生逢盛世，愿多士健美身心。

荣宝斋：荣华四宝，妙手丹青，惠尔人间春色；独秀一葩，天工水印，任它古迹重光。

信远斋蜜果店：三春花信虽归，留佳果联登，香蜜清馥；万里客远犹记，数琉璃旧店，朝阳新斋。

泰丰楼饭庄：味尊齐鲁宗风，举酌常神游泰岳；宾悦春秋佳日，凭窗正目接丰碑。

盛锡福帽厂：冠冕堂皇，移风易俗；春秋鼎盛，锡福呈祥。

瑞蚨祥绸布店：绸可罗云，布堪火浣；瑞臻百福，蚨集千祥。

稻香村南味食品店：南味胥佳，饼好更兼糕好；村名洵美，稻香堪比麦香。

鹤年堂：鹤寿龟龄，琼浆芝草；年丰物阜，国泰民安。

行业联往浅了说，是一个商标，一个招牌；往深了讲，则是一个行业的精神理念和风骨传承问题。例如，始创于清康熙八年（1669年）的中药老字号北京同仁堂，在三百多年的风云变幻政权更迭中，历代同仁堂人始终恪守"炮制虽繁必不敢省人工，品味虽贵必不敢减物力"的古训，恪守"修合无人见，存心有天知"的自律意识，维持了这个百年品牌的过硬信誉与口碑。自雍正元年（1721年）同仁堂正式供奉清皇宫御药房用药，经八代帝王，历时188年，这就造就了同仁堂人在制药过程中兢兢业业、精益求精的严细精神，而其产品以"配方独特、选料上乘、工艺精湛、疗效显著"而享誉海内外。这副面向内部员工"炮制虽繁必不敢省人工，品味虽贵必不敢减物力"的对联，正是同仁堂无形的品牌魅力所在，而新时期面对顾客的"同气同声，济民济世；仁心仁术，医国医人"，则更加明白晓畅、通俗易懂，在顺应现代潮流的同时不失古训遗风。

### （五）名胜古迹联

名胜古迹联，顾名思义，其内容大多为题写该名胜景观如亭台楼榭、殿阁寺庙、山水园林、名山大川等，或者与它密切相关的人物和历史事件。这类对联往往成为名胜景观甚至历史文化的重要组成部分。名胜联可分为山水园林、寺庵庙观、殿阁亭台、院舍堂馆、碑塔墓窟等若干子类，不一而足。我国历史悠久，幅员辽阔，风景名胜星罗棋布。古今名人来到这些名山大川、古迹胜地，往往触景生情、兴致油然而生，欣然提笔，他们留下的那些立意深远、兴致盎然的楹联佳作，或镌刻于亭台楼阁，或悬贴于寺庙祠墓。不但为山水增色，为自然增光，又为游人吊古凭史、陶冶情操提供了凭借，一副优秀的名胜古迹联可世世代代为人所称道传颂。

名胜联就创作手法而言，可分为写景、咏史、叙事、抒情、议论等。如："狂到世人皆欲杀，醉来天子不能呼。"这是安徽当涂采石矶太白楼联。李白的一生，值得称赞的地方很多，但楹联的作者撷取典型的事例，利用短短的七字联，如同一个纯熟的漫画家只需寥寥勾勒几笔，便将大诗人描绘到神情毕现的程度，全联句短意长，对仗工整，遣词高妙，实为大手笔之作。再如陈毅同志为杜甫草堂所撰楹联："新松恨不高千尺，恶竹应须斩万竿。"全联集杜甫诗句而成，陈毅还独具匠心地加上一段跋语："此杜诗佳句，最富现实意义，余以千古诗人，诗人千古赞之。"在别出心裁、富有新意的同时又发人深思、寓意深远。此外，武汉黄鹤楼上所悬何绍基题联："何时黄鹤重来，且自把金樽，看洲渚千年芳草；今日白云尚在，问谁吹玉笛，落江城五月梅花。"此联化鲁班筑黄鹤楼、吕祖吹箫跨鹤的民间传说，夹叙夹议，有声有色、活色生香地描绘了黄鹤楼优美壮阔的景色和奇观。"心在汉宝，原无分先主后主；名高天下，何必辩襄阳南阳。"这是清代在河南南阳做知府的湖北襄阳人顾嘉蘅所写，影射的是因诸葛亮名高天下，湖北、河南两省便争诸葛亮故居之处所，顾嘉蘅不敢开罪当地豪绅，又怕承担出卖桑梓之名，便撰此妙联，既赞诸葛亮，又抹平两省争执，可谓公允。

此外摘录我国部分经典名胜古迹联如下：

青山有幸埋忠骨，白铁无辜铸佞臣。

(杭州岳飞墓)

兴废总关情，看落霞孤鹜，秋水长天，幸此地湖山无恙；古今才一瞬，问江上才人，阁中帝子，比当年风景何如。（江西滕王阁）

足下起祥云，到此者应带几分仙气；眼

前无俗障，坐定后宜生一点禅心。（庐山绝顶）

海水朝（cháo），朝朝（zhāo）朝（cháo），朝（zhāo）朝（cháo）朝（zhāo）落；浮云长（zhǎng），长长（cháng）长（zhǎng），长（cháng）长（zhǎng）长（cháng）消。（山海关孟姜女庙）

出入风波三万里，笑谈古今几千年。（厦门鼓浪屿）

天外是银河，烟波宛转；云中开翠幕，山雨霏微。（颐和园养云轩）

## （六）交际联：赠联、题答联、游戏联、趣味联

明清以后，文人学士以楹联赠答，用对联作文字游戏，已为一时风尚。在装饰环境、陶冶情操、广告宣传的同时，楹联也成了人们传递感情、增进友谊的最好媒介。综观楹坛，历代文人墨客、名人巨匠留下了浩如烟海的赠联、题答联，或互相勉励，或寄托情思，或抒发心志，或互表敬慕。这种酬答联与诗歌酬和一样，好友相聚，酒酣耳热之际，一问一答可增人兴致；寻胜探幽，心旷神怡之时，一出一对可添无限乐趣。朋友答对可见其情操，小儿应对可见其聪慧，知己答对可增进友情，陌生人答对可借此相识。如清代罗聘游镇江焦山时出上联"山光扑面经宵雨"，在他苦苦思索下联而不得时，正巧郑板桥亦在游玩，代续下联"江水回头欲晚潮"，二人因此结识而成为好友。

我国词话杂谈里，有关苏东坡和黄庭坚、佛印的联句历来为人津津乐道，如"松下围棋，松子每随棋子落；柳边垂钓，柳丝常伴钓丝悬"便是二人即景联句之作。

明朝宰相叶向高与陈达公交谊颇厚。陈达公是闽县大义乡人，曾任山西巡抚和雁门三关提督等职。有一次，叶向高回老家福清省亲，途中顺便去拜访已告老还乡的陈达公。陈达公见好友来，忙备酒款待。席间，陈达公以招待不周，语带歉意地说了句："宠宰宿寒家，穷窗寂寞。"宠宰的意思是皇帝恩宠的宰相，指叶向高。叶向高略为沉思，应了句："客官寓宦宅，富室宽容。"遂成一奇对，引为千古佳话。此对联共用18个宝盖头部首的字，令人称奇,而且含意贴切，对仗工整，殊为不易。

　　清乾隆帝五十寿庆时，纪昀曾作一贺联："二万里江山，伊古以来，未闻一朝一统二万里；五十年圣寿，自今以往，尚有九千九百五十年。""二万里"、"五十年"上下联各自首尾呼应，下联"五十年"加"九千九百五十年"，恰好万年，合万岁万寿之意，这就带有文字游戏性质了，妙极。

　　"苟利国家生死以，岂因祸福避趋之"这副名联是林则徐在清道光二十二年（1842年）禁烟失败被遣戍伊犁，离开西安时，留给家人一首诗中的对联。作者在逆境中义无反顾、舍身报国的坦荡胸怀一览无遗。1990年江泽民视察广东时，亲手题于虎门镇林则徐销烟处。后来，林则徐贬戍新疆三年"赐还"，出任陕西巡抚，其子亦被起用，其友梁章钜赠联："麟阁待劳臣，最难西域生还，万倾开荒成伟绩；凤池诏令子，喜听东山复起，一门济美报清时。"林则徐则酬之以："曾从二千石起家，衣钵新传贤子弟；难得八十翁就养，湖山旧识老诗人。"二千石，古时知府俸禄，后常代指官职。梁初仕任荆州知府，其三子后亦出任知府。八十翁乃指其子任知府后曾接八十岁之梁章钜到杭州奉养。

　　现代史上最著名的赠联要属鲁迅赠瞿秋白的"人生得一知己足矣，斯世当以同怀视之"。这种高山流水、壮士相惜的情谊，正所谓不可斗量。瞿秋白曾为

鲁迅的杂文写过序，鲁迅在瞿牺牲后为他编写《乱弹》、《海上述林》以示纪念。再如被毛主席誉为"人民艺术家"的老舍贺茅盾五十寿辰所作嵌名联："鸡声茅屋听风雨，戈盾文章赴斗争。"赠电影表演艺术家崔嵬联："贞如翠竹明于雪，静似苍松矫若龙。"二联均用词精当，技巧纯熟，妙趣横生。

## （七）座右铭联、杂感联

　　这类对联往往带有比较明显的主观感受，或哲理言志或咏物抒情或劝喻讽刺等。座右铭的表达形式多种多样，其中不乏用对联句式写就的座右铭，如明代书画家唐伯虎的座右铭："圆月照方窗，有规有矩；

中国文化遗产

长杆垂短钓，能屈能伸。"《聊斋志异》的作者蒲松龄将"有志者事竟成，破釜沉舟，百二秦关终属楚；苦心人天不负，卧薪尝胆，三千越甲可吞吴"的座右铭联镌刻在镇尺之上，激励自己义无反顾、勇往直前。清代陈最峰在晋州做官时，当时政坛贪贿腐败乌烟瘴气，便在衙堂上自题一联："头上有青天，作事要循天理；眼前是瘠地，存心不刮地皮。"并以此作为自己的座右铭。人民敬爱的好总理周恩来早在青年时代便立下了宏图大志："浮舟沧海，立马昆仑。"革命家沈钧儒的座右铭是："立志须从千载想，闲谈无过五分钟。"老舍先生的座右铭则朴素而实在："付出九牛二虎力，不作七拼八凑事。"

　　杂感联或直抒胸臆，或有所顿悟，或以物喻人，或以典喻今，或一语双关，或嵌字拆字，或谐音隐语，或嘲讽时事，不一而足。明朝大文学家解缙性情不凡，语言泼辣，所撰写嘲讽联也与众不同，如："墙上芦苇，头重脚轻根底浅；山间竹笋，嘴尖皮厚腹中空。"楹联由此及彼、借物喻人，生动地讽刺了那些不学无术、肚内空空的人。可谓辛辣幽默，入木三分。清末赵藩在成都武侯祠题联"能攻心则反侧自消，从古知兵非好战；不审势即宽严皆误，后来治蜀要深思"，这副楹联既概括了诸葛亮用兵四川的特点，又总览了诸葛亮治理四川的策略，借此提出自己关于正反、宽严、和战、文武诸方面的政见，极富哲理，蕴含深刻的辩证法，发人深思。此外，诸如曹雪芹《红楼梦》中的对联"世事洞明皆学问，人情练达即文章"，吴敬梓《儒林外史》中的"祖宗传克勤克俭，子孙法唯读唯耕"和"读书好，耕田好，学好便好；创业难，守业难，知难不难"，事实上都是著者本人人生经验的总结与体悟，不过借由笔下人物之口道出罢了。刘师亮是民国时期的一位撰联大师，以讽刺联见长，每每以对句痛击腐败的国民政府，引发群众共鸣。他曾写过一副痛切时弊的短联："民国万税，天下太贫。"以谐音手法，扭曲国民党口号。"税"谐音"岁"，"贫"谐音"平"，对国民政府吹嘘的"民国万岁"、"天下太平"给予了有力讽刺，收到了长篇大论难以达到的效果。

### （八）学术宗教联

　　学术宗教联指带有某种学术或宗教性质的对联。这种楹联在内容和用途上不属于上述几大类的某种专业性质，往往学术特色、宗教特色十分鲜明。1953年，中国科学考察团出国考察。途中，数学家华罗庚出了上联"三强韩魏赵"，让同行的钱三强、张钰哲、赵九章、贝时璋等科学家对下联。上联"三强"是指韩国、魏国、赵国是春秋战国时期的三个强国，同时"三强"又暗指在座的科学家钱三强。众人一时难以对出。最后由华罗庚自己对出了下联："九章勾股玄"。"九章"既指我国古代最早提出勾股玄定理的数学名著《九章算术》，同时又暗指同行的赵九章。众人皆惊叹不已。再看一幅加法联："绿鸭浮水，数数一双四只；赤蛇出洞，量量九寸十分。""绿"与"赤"属颜色相对，同时谐音"六"与"尺"。上联讲鸭的只数：一双加四只是六只；下联讲蛇的长度：九寸加十分为一尺。

　　宗教联多见于佛教、道教和伊斯兰教，基督教因属于西方文明体系，少有采用中国楹联方式的。

　　甘肃张掖大佛寺是西北内陆久负盛名的佛教寺院，丝绸之路上一处重要名胜古迹群，又是历史文化名城张掖的标志性建筑，素称"塞上名刹，佛国胜境"，其山门两侧刻有："睡佛长睡睡千年长睡不醒，问者永问问百世永问难明。"其中佛禅深义、世事哲理，不可谓不深远也。表义是说佛祖涅□后安睡在西天净土，一睡千年，梦中世界大、日月长，佛祖梦中的世界，或许就是凡俗尘世正在经历的悠悠千年，实则委婉告诫世人，睡佛不过是泥胎塑像，求神拜佛，只会"永问难明"，求神不如求己。悟禅修道，尽在其中。

　　我国道观基本都遵循"三清殿"形式建筑，其中的通用联"太极判以成乾坤，乾为父，坤为母，肇造乾坤祖杰；两仪分而为阴阳，阳属天，阴属地，胚胎天地元神"，出自老子《道德经》中对于"道"最原始本真的解释。

宁夏同心清真大寺始建于元末明初，是中国现存的十大古老清真寺之一，其楹联别具一格："尔来礼拜乎？须摩着心头，干过多少罪行，向此处鞠躬叩首；谁是讲经者？必破出情面，说些警赫话语，好叫人入耳悚神。"此联上下句分别从劝诫礼拜者和讲经者立意，如大声疾呼，如当头棒喝：礼拜莫如修行，叩首须先自问是否愧心；讲经须讲真经，警世之言方能发人深省。

为了读者对楹联大家族基本成员的快速了解，以上八种分类只是对不同用途楹联的一个大致梳理，其中有些楹联是兼有两种乃至数种特征的，随着读者眼界的开阔和认识的加深，相信会对楹联的分类，形成自己独到的见解。

道德经

【原著】老子 【译评】陈忠

上善若水，水善利万物而不争，处众人之所恶，故几于道。居善地，心善渊，与善仁，言善信，正善治，事善能，动善时。夫唯不争，故无尤。

吉林文史出版社

中国楹联

# 三、楹联常识

## （一）对偶、对仗辨析

要想了解什么是楹联，首先要正本清源，明白什么是对偶，什么是对仗。如果两个字数相等的句子用的是对偶，那肯定不能被称之为楹联。

对偶和对仗是中国文学的一大特色。对偶指的是两个并列而结构相同的修辞单位。对偶句在古代诗文中早已出现。讲究平仄的对偶，称为对仗。对仗句是诗词曲赋骈文中常见的形式。把对偶和对仗区别开来，无论在理论上还是实际应用中都非常重要。对仗属于对偶，但并非任何对偶都是对仗。只有讲究节奏和平仄的对偶，才能称为对仗。

语言学家王力曾论证过："在骈体文中，虚词往往是不算在节奏之内的。自从节奏成为骈体文的要素之后，对偶就变成了对仗。对仗的特点是上句和下句的平仄要相反，两句在同一位置上的字不能雷同。（像"同声相应，同气相求"就只算对偶，不算对仗）。律诗在这一点上受了骈体文的影响，因为律诗中的中两联一般是用对仗的。骈体文的对仗和律诗的对仗稍有不同；骈体文在对仗的两句中，虚词是可以雷同的。字的雷同意味着平仄的雷同。由于虚词不算在骈体文的节奏之内，所以这种雷同是可以允许的。"

由于把对偶和对仗混为一谈，在楹联历史和楹联理论研究上常常众说纷纭，莫衷一是。而楹联是在骈文和律诗的对仗句基础上发展起来的，只有当对仗句具有原创性，且作为独立文本存在时，才能称为楹联。这一点，对楹联的研究和考证，理解联律十分重要。只有当短联发展为长联，且具有不同于律诗或骈文的结构时，楹联才能成为独立的文学体裁。

## （二）修辞技巧

1.对仗：言对、事对、正对、反对、工对、宽对、流水对、回文对、顶针对。

【言对】言对是两句并列而不用事例，贵在言之有物，用语精辟。多用于文人雅士戏对。例：

二人土上坐，一月四边明。

观五岳而知众山小，凡百川咸于大海归。

【事对】事对注重用事实、事例来构成对偶，事对往往用典。例：

董必武题武侯祠联："三顾频烦天下计，一番晤对古今情。"

左宗棠自题联："文章西汉两司马，经济南阳一卧龙。"

【正对】正对。上下联内容相似或者相关，表达主题是互补的并列关系。例：

松竹梅岁寒三友，桃李杏春风一家。

爆竹声声辞旧岁，梅花朵朵迎新春。

【反对】用反义词或物象对立、内涵相反的词语组成的楹联，正反两个方面相辅相成，彼此映衬，既对仗工巧，又能深化主题。例：

藕入池中，玉管通地理；荷出水面，朱笔点天文。

人因爱富常离我，春不嫌贫又到家。

【工对】也就是严对，要求严格遵守对仗的"六相"原则，尤其是词类相当、结构相应、节奏相同三个基本原则。特别是词类对仗，要求所对仗的词属于同一小类。在我国传统的诗联创作中，词可划分为 28 小类，即天文类、地理类、时令类……连绵字类、重叠字类、连介词类、助词类等。例：

桑柘几家湖上社，芙蓉十里水边城。

一诗二表三分鼎，万古千秋五丈原。

【宽对】相对于工对而言，对仗的要求可适当放宽。例：

北京古藤书屋一联："一庭芳草围新绿，十亩藤花落古香。""芳"为形容词，"藤"则为名词。但同是修饰后面的形容词，对亦可也。

董必武挽谢觉哉联："长征老战士，文革病诗人。"上联为偏正结构，下联则为动宾结构（使诗人病），但字面对仗还是工整，并无失对之嫌。

中国楹联

【流水对】也叫串对、走马对，即上下联意思相承，把一个意思分成两句话来说，上下联紧相衔接、联贯而下的联语。例：

一失足成千古恨，再回头已百年身。

除夕刚饮祝捷酒，新年又看报春花

【回文对】联语上下句顺读、倒读皆能成联且贴切而不混乱的一种写作方法。

（1）上下联都可以顺读、倒读、联意不变。例：

处处红花红处处，翩翩绿叶绿翩翩。

凤落梧桐梧落凤，珠联璧合璧联珠。

（2）上下联顺读、倒读，联意不一。例：

风送红香花满地，雨滋春树碧连天。倒读为：天连碧树春滋雨，地满红香花送风。

【顶针对】又叫联珠对，指上下联为复句的联中，每句句尾词均为下句的句首字词，如同串珠。例：

山羊上山，山碰山羊角；水牛下水，水没水牛腰。

千里为重，重山重水重庆府；一人成大，大邦大国大明君。

2. 修辞：比喻、借代、夸张、反诘、双关、设问、谐音。

【比喻】即"打比方"，有明喻和暗喻、隐喻之分。例：

两崖如剑立，一江似面悬。此为明喻。

小凤仙挽蔡锷将军联之一："不幸周郎竟短命，早知李靖是英雄。"借古代英雄周瑜、李靖喻蔡锷。

【借代】借一物来代替另一物出现。例：

小乔墓楹联："铜雀算老瞒安乐窝，卖履晚无聊，一世难尽，美人亦尽；洞庭是夫婿战利品，埋香花有托，三分鼎立，抔土不亡。"

全联借代了曹操、刘备、周瑜、小乔四个人物。

【夸张】例：高阁逼天红日近，一川如画晚红晴。

吸来江水煮新茗，买尽青山当画屏。

中国文化遗产

186

【反诘】也叫诘问、激问。例：

韩愈祠联："天意起斯文，不是一封书，安汤先生至此？人心归正道，只读八个月，至今百世师之。"

【双关】利用语言文字上的同音、同义的关系使一句话涉及两件事情或两种内容，含蓄曲折地表达作者所要表达的东西，以增强语言的生动性、幽默性和趣味性。例：

太平天国领袖翼王石达开为一个理发店写的对联，借理发寄托抱负："磨砺以泪，问天下头颅几许；及锋而试，看老夫手段如何。"

竹器店联："虚心成大器，劲节见奇才。"

【设问】例：经签可超生，难道阎王怕和尚？纸钱能赎命，分明菩萨是贪官！

徐懋庸挽鲁迅联："敌乎？友乎？余惟自问。负我？罪我？公已无言。"

【谐音】例："两船并到，橹速不如帆快；八音齐奏，笛清难比箫和。"以"橹速"谐"鲁肃"，"帆快"谐"樊哙"；"笛清"谐"狄青"，"箫和"谐"萧何"。

3.技巧：嵌字、隐字、复字、叠字、析字、偏旁、数字。

【嵌字】巧妙地将人物或事物名称等嵌入联中，使要表现的主题更加突出。一般是上下联分嵌，嵌字有若干个特定的整式形成特定的格。例：

广东潮州市韩江酒楼所悬楹联："韩愈送穷，刘伶醉酒；江淹作赋，王粲登楼。"联中巧用了与诗酒有关的四个历史人名，在联的首尾嵌入了"韩江酒楼"。

鲁迅先生逝世后，有人择取他所著书名撰写了一副挽联，既刻画了当时世态，又表达了对先生的敬仰："举世如野草彷徨，南腔北调，三闲二心，尽是可怜阿Q相；独自向热风呐喊，故事新编，朝花夕拾，总求不变死魂灵。"其中《死魂灵》是鲁迅先生翻译俄国作家果戈理的长篇小说。

【隐字】隐字联，亦称缺如联、藏字联，即在联中故意略掉需要突出的一些字，含蓄巧妙地传达言外之意、弦外之音。隐字联含而不露，曲径通幽，寓意隽永。例：

清人讽刺鄂州候补知府续立人联："尊姓原来貂不足，大名倒转豕而啼。"《晋书·赵王伦传》有"貂不足，狗尾续"之语，隐其姓"续"字；《左传·庄公八年》中有"豕人立而啼"之语，"人立"倒转即为"立人"。全联暗射"续立人"之名，隐刺其为人如猪狗一般。

清朝宗室王士卿因贪污被革职处死，有人赋隐字联以嘲："士为知己，卿本佳人。"上联出自《战国策》中"士为知己者死"，下联出自《北史》中"卿本佳人，奈何作贼?"该联联首嵌名，联尾歇后，直呼其名，巧妙地讽刺王士卿是"死人"和"贼人"。

【复字】指将同样一个字或几个字在楹联中隔句运用或者重复运用。例：

开关早，关关迟，迎过客过关；出对易，对对难，请先生先对。

杨花乱落，眼花错认雪花飞；竹影徐摇，心影误疑云影过。

【叠字】叠字又名"重言"，指由两个相同的字组成的词语。例：

苏州网师园"看松读画轩"的一副叠字联："莺莺燕燕，花花叶叶，卿卿暮暮朝朝；风风雨雨，暖暖寒寒，处处寻寻觅觅。"全联把天气和季节的变化以及鸟语花香融为一体，且化用秦观、李清照等宋代词人的作品，读来声韵铿锵，回味无穷，令游客陶醉于春夏秋冬四季更迭和莺歌燕舞百花吐艳的画境之中，诗意盎然。

浙江奉化休休亭叠字联："行，行，行，行行且止；坐，坐，坐，坐坐何妨。"因其叠字而显得格外有人情味，声情并茂，富有很强的节奏感。

山东济南趵突泉观澜亭上的叠字联："佛脚清泉，飘飘飘飘飘下两条玉带；源头活水，冒冒冒冒冒出一串珍珠。"栩栩如生地摹拟出泉飘水冒的动态美和色彩美。观泉读联，令人不禁莞尔，心旷神怡。

【析字】楹联中采用了拼拆汉字字形的技巧，或分或合而成联；或把几个字合成一个字，构成字面上的对偶；或者把一个字拆成几个字，一些还含有分析字形和字义的作用。有的一目了然，有的则要细心领会，更有甚者，需要仔细琢磨才能恍然大悟。

（1）分拆：将汉字形体依顺序分拆成若干字。例：

梁章钜拆字联："鸿为江边鸟，蚕是天下虫。"

品泉茶，三口白水；竺仙庵，二个山人。

（2）合拼：将字与字或字与偏旁部首组合成其他字。例：

传说唐伯虎才思敏捷，民间故事《唐伯虎点秋香》里有一副析字联："十口心思，思国思君思社稷；八目尚赏，赏风赏月赏秋香。"巧妙之处在于把"十口心"合成"思"字，"八目尚"合成"赏"字，而又串成一气，文义通畅。

又相传元末朱元璋起兵造反攻克姑苏城时，心潮起伏，想到古越吴地的姑苏如今已尽入囊中，豪兴大增，脱口吟出："天下口，天上口，志在吞吴。"军师刘伯温深谙朱元璋心事，莞尔一笑，随即对答："人中王，人边王，意图全任。"

（3）复合：将分拆与合拼同时使用的技巧。例：

曾有人出一上联："孔夫子，孟夫子，二人皆仁者也。"此上联一出，至今无佳对。唯有"裴元庆，李元庆，二儿本无知耳"可勉以为对。

再如：鸟入风中，衔去虫而作凤；马来芦畔，吃尽草以为驴。

【偏旁】楹联中利用偏旁、部首相同的汉字组成一联或全联的技巧。

清时有人出一上联："烟锁池塘柳。"上联五个字的偏旁涵盖了金木水火土五行，号称"绝对"，后来被纪昀对出下联："炮镇海城楼"。下联五字偏旁同样涵盖金木水火土，并与上联一一对应，对仗极工，令人击节赞赏。

还有一个故事，相传古时一个沽酒为生的佳人征婚出对："冰冷酒，一点，两点，三点。"一个爱慕佳人的书生属对不及，郁郁而终。才女感其多情，前往其墓地吊祭，见坟头盛开丁香花。有感而发，自对下联："丁香花，百头，千头，万头。"（古时"万"作繁体"萬"）

【数字】指的是将数学演算引入楹联之中，从而启迪读者智慧，增强其趣味性。例：

乾隆帝五十寿辰，纪昀所撰寿联："二万里山河，伊古以来未闻一朝一统二万里；五十年圣寿，自今而后尚有九千九百五十年。"该联虽有应制奉承之嫌，对仗也不甚工，但下联趣味颇强，50年再加9950年，正合"万岁"之意。同年，乾隆帝在宫中举行千叟宴，共有3900多位老人参加，其中最老的一位寿星，用一副数字楹联来宣布其岁数："花甲重逢，还加三七岁月；古稀双庆，更多一度春秋。"众所周知，60年为一"花甲"，杜甫有诗云："人生七十古来稀。"上联可列成一个算式：60×2+3×7=141；下联可列成一个算式：70×2+1=141。原来那位老寿星竟有141岁。

### （三）联语来源

1. 集句联：从古今文人的诗词、赋文、碑帖、经典中分别选取两个有关联的句子。按照楹联固有的声律、对仗、平仄等要求组成联句。既保留原文的词句，又天衣无缝浑然一体，别出新意，给人一种"青出于蓝而胜于蓝"的艺术感染力。同时，集联还可使人自然地联想到所集的原作，为读者提供了一个无形的广阔艺术空间，对于温故知新、陶冶情操，大有裨益。例：

南京莫愁湖集韩愈、李白诗句成联："水如碧玉山如黛，云想衣裳花想容。"

后代人集白居易、王维诗句题于武则天庙："六宫粉黛无颜色，万国衣冠拜冕旒。"

清末大文豪梁启超喜集宋词为联，达二三百副之多。赠友人胡适联："蝴蝶儿，晚春时，又是一般闲暇；梧桐树，三更雨，不知多少秋声。"上下联分别集宋词人张泌《蝴蝶儿》和唐人温庭筠《更漏子》而成。

民国红学家和历史学家周策纵也是集词的高手，他作过这样一副集联："别来风月为谁留？二分尘土，一分流水；啼到春归无寻处，红了樱桃，绿了芭蕉。"上下联分别出自宋代大词人苏轼的《水龙吟》和蒋捷的《一剪梅》。

2. 集字联：集字联是对联与书法结合后产生的一种对联体式，一般是从优秀的历代碑、帖中挑选具有代表性的字，组成全联。由于受单字出处的严格限制，因而

中国文化遗产

十分难做，最是考验一个人的作联功力。最著名的要属晋代王羲之的文学名篇《兰亭集序》，书法上也叫《兰亭禊帖》，号称"天下第一行书"，通篇不过325字，但有心人从中集出许多对联，例：

> 尽陈古事观同异，不与时人列短长。

> 有万夫不当之气，无一事自足于怀。

> 稽古每期于可信，取人当尽其所长。

所列的三联每一联十四字，无一不是从《兰亭集序》全文325个字中挑选而出。

3. 摘句联：直接摘他人诗文中的对偶句而成的对联。这不算严格意义上的对联，更接近于引用。在今天看来有"剽窃他人知识产权"的嫌疑呢。不过，若非博览群书者，又或于楹联一窍不通者，是难以"摘来"的。例：

康熙帝题镇江金山七峰阁联，便是一副很好的摘句联："溪云初起日沉阁，山雨欲来风满楼。"出自晚唐诗人许浑的《咸阳城西楼晚眺》。

孙中山题广州中山故居联："满堂花醉三千客，一剑霜寒四十州。"此联原本出自唐代和尚贯休之诗。

4. 自撰联：作者自己独立创作出来的对联。这个最易理解，不再举例。

# 四、楹联创作入门

## （一）对仗工整

对仗是对联的基本特征，没有对仗就没有对联。对联创作必须在对仗上下功夫。律诗对仗限于两句之间，一般用在颔联和颈联，出句的字和对句的字不允许重复。骈文对仗扩大到前两句和后两句之间，允许同位虚字相重。对联对仗的严格要求不亚于律诗，而且将长联同边自对的形式发展到登峰造极的程度。

1.字数相等、词性相同、结构对称

如同前文所讲，不同楹联篇幅长短不一，短的有寥寥两字者，长的可达几百字；对仗形式也多样，有正对、反对、流水对、联珠对、集句对等。但不管何类对联，使用何种形式，要符合的最基本准则有：

【字数相等】除有意空出某字的位置以达到例外特殊的文字效果外，上下联字数必须相同，不多不少。

【词性相对】上下联对应相同位置的词，一般要求"虚对虚，实对实"。即名词对名词，动词对动词，形容词对形容词，数量词对数量词，副词对副词。

【结构对称】包括断句一致。几个组成部分的搭配和排列叫结构。联文用词的构成、词义的配合、修辞的运用要对应平衡。上下联在句法上要互相对称。即主谓结构对主谓结构、动宾结构对动宾结构、偏正结构对偏正结构、联合结构对联合结构、复句对复句等等。

2.同类词相对、忌合掌、反对为优

【同类词相对】"假作真时真亦假，无为有处有还无。"这是《红楼梦》第五回中的一副对联，非常工整。同类词相对是对仗的基本原则。该联"真"，"假"，"有"，"无"，都是抽象的哲学名词。"作"和"为"是词意相近动词。"时"和"处"在语法上是副词，在字面上

"时"又可理解为"时间"，"处"又可理解为"空间"。"亦"、"还"在字面上是词意相近的副词，在语法上可视为省略了动词"是"。但必须了解其中还有句内自对自重，"真"对"假"，"有"对"无"是反对，而且都重用一次，这才是此联的精华所在。

【忌合掌】"生意兴隆通四海，财源茂盛达三江。"此联为旧时商店通用联。平仄合律，对仗稳妥，而且与"恭喜发财"的气氛相协调，很受商界欢迎。但深一步琢磨会发现，"通四海""达三江"是一个意思，有"合掌"之嫌。对联是文章中最精练的文体，讲究字字珠玑。要以寥寥十数字提供丰富信息，应尽量避免上下两联说同一意思。同时避免合掌，可以先从避免同义词相对做起。

【反对为优】"清风明月本无价，近水遥山皆有情。"这是梁章钜因编辑《沧浪亭志》而获得的集句联，上联系欧阳修句，下联系苏舜钦句，妙的是欧阳和苏句也皆系沧浪亭本事。此联用了反义词"有"对"无"，"皆有情"对"本无价"，清风明月，近水遥山本为无情之物，但在诗人眼里，都成了有情之物，对比强烈。说"近水遥山"对"清风明月"工整，是指句中自对工整，即"遥山"对"近水"，"明月"对"清风"十分工整，而且"近水"与"遥山"是反对，更有情趣。相反相成，殊途同归。春联"十年宦比梅花冷，一夜春随爆竹来"，上联之冷淡，反衬出下联之热闹，也是"反对为优"的好例子。

3. 句中自对、同边自对、相重相对、自重自对

对联的特色在于对仗美，自对是强化对仗美的重要方式之一，故为前人乐用。尤其长联，倘无自对，首读时难有对仗美感，只有二读时，把上下联逐句对照，方有领悟，故长联自对最为普遍。更何况在上下联间对仗不工，或甚至不对仗的情况下，自对还可以起补救作用，所以善于使用自对，对撰写对联的好处是不言而喻的。

【句中自对】只要句中自对都是工对，全联一定是工对。新手入门可以先创作一些简单的叠字回文对确保工对。

【同边自对】"下笔千言正桂子香时槐花黄后，出门一笑看西湖月满东浙

潮来。"这是阮元题杭州府贡院联，由三个四言句加一领字（"正"和"看"）组成。贡院是科举乡试场所。上联写考试季节美，秀才们考试时文思泉涌，个个都有中举的希望。"桂"和"槐"隐含"折桂"和"槐厅"之意，即读书，应试，做官。下联讲考试地点美，考完后不管成绩如何，应该放松一下，去西湖赏月，钱塘观潮。此联"桂子香时，槐花黄后"和"西湖月满，东浙潮来"分别都是同边自对，有极大的艺术魅力。

【相重相对】"名满天下不曾出户一步，言满天下不曾出口一字。"此联为清人钱湘灵室中楹联，为三峰释硕揆所书。此联作于清初，从语气看，不像自撰。十言联中重了七字，亦少见。说明顺治康熙年间的楹联仍允许同位相重，现在不会有人再做这种楹联了。对联的基本规律是"重"与"对"，由"相重相对"发展为"自重自对"。

【自重自对】"佛言不可说不可说，子曰如之何如之何。"这是明荆州太守袁择庵罢官后流落金陵，落魄失意时所撰联。《金刚般若波罗密经》有"如来所说法，皆不可取，不可说"。《论语·卫灵公》有"子曰：不曰'如之何，如之何'者，吾未如之何也已矣"。此联用语，化用经典但已改动，故非集句。妙在庄重中有调侃，不言中有牢骚。上下联各有三字重复一次，可以加强语气。自重自对远比相重相对高明，自然成为楹联的发展方向。

## （二）既"对"且"联"，文意切题

【既"对"且"联"】有关楹联怎么"对"已经在前文"忌合掌""反对为优"等部分有所阐述，而要做到在"反对"的同时，上下联相互关联，缺一不可，就必须掌握上下联句法上的逻辑关系，常见的有并列关系，如成都武侯祠

联"两表酬三顾，一对足千秋"；连贯关系，如"台湾省已归日本，颐和园又搭天棚"；递进关系，如"不教白发催人老，更喜春风吹面生"；假设关系，如"若能杯水如名淡，应信村茶比酒香"；条件关系，如"天地入胸臆，文章生风雷"；转折关系，如"虽为毫末技艺，却是顶上功夫"；选择关系，如"但求天长地久，何必朝

中国文化遗产

相暮依"；因果关系，如"聚来千亩雪，化作万家春"；目的关系，如"忍令上国衣冠沦于夷狄，相率中原豪杰还我河山"等。

【文意切题】楹联与其他文体的区别之一是：对联表面上无题，实际上有题。一副好楹联文意必须切题，不能言之无物。也就是说要切人、切物、切时、切景。梁章钜在评论对联时，就用把切题作为评判楹联优劣的最重要标准之一。如"思亲泪落吴江冷，望帝魂归蜀道难"一联，乃是徐文长题孙夫人祠联。据陈寿《三国志》："先主（刘备）遣诸葛亮自结于孙权。权遣周瑜、程普等水军数万，与先主并力，与曹公（曹操）战于赤壁，大破之……权稍畏之，进妹固好。"可见孙权将其妹嫁给刘备是巩固孙刘联盟的需要。此联字面上无一字提及"孙夫人"，但字字所指都是孙夫人旧事，揭示出这个身不由己的女人感情上的两难境地，非常感人。

再者如"一百八记钟声，唤起万家春梦；二十四番风信，吹香七里山塘"，这是苏州虎丘花神庙联。虎丘山在姑苏西北七里，寒山寺在姑苏西十里枫桥。一百八记钟声来自寒山寺。虎丘附近多花农，故云吹香七里山塘。正如梁章钜评语："却移作西湖之花神庙联不得。"

## （三）平仄合律

### 1.四声与平仄

平仄是由"四声二元化"带来的音韵学概念。南朝文学家周颙、沈约等人总结文学创作经验，归纳出四声，又经初唐诗人沈佺期和宋之问等人完善为"四声二元化"，平仄概念由此诞生。四声是古汉语的四种声调，所谓声调，指语音的高低、升降、长短。四声分别是上声、去声、平声、入声。而平仄则是在四声基础上，用不完全归纳法归纳出来的，平指平直，仄指曲折。在古代上声，去声，入声为仄，剩下了的是平声。自元朝周德清后，平分阳阴，仄归上去，逐步形成阴平、阳平归平，上声、去声归仄，入声取消的格局。自古平仄失调，平仄和不拘平仄之争是永恒的话题。

古代"平声"这个声调在普通话中分化为阴平及阳平，即所谓第一声、第二声；古"上声"在普通话中一部分变为去声，一部分仍是上声。上声是现代汉语拼音的第三声；古代"去声"这个声调在普通话中仍是去声，即第四声；而"入声"这个声调在普通话中已经不存在，化为阴平、阳平、上声及去声里去了。

大致来说，若作为业余爱好娱乐身心而创作楹联，可粗浅地将第一声、第二声作为平声；第三声、第四声作为仄声。

2. 上下联平仄相反，仄起平收，平起仄收，忌同声收尾

【仄起平收，平起仄收】对联的起句有仄起和平起两种规则，与律诗相同，对联的第二个字为"仄"声的称为仄起，第二字为"平"声即为平起。对联严格规定上联末字用仄声，下联末字用平声。后人称之为仄起平落；后来要求放宽松，也可上联平起，下联仄收。

【忌同声收尾】这是就上联联脚与下联联脚之间的关系而言。准确一点说，此规则也有两点要求：（1）一副对联不管长短如何、分句多少，都要求上联仄声收尾，即上联最后一字应是仄声；下联则要求平声收尾。一般不能上联平声收尾，下联仄声收尾。（2）上下联不能同声收尾，即上下联最后一字不能同是仄声或同是平声。

3. 句内平仄交替，忌三平尾、三仄尾，忌孤平或孤仄，忌同声落脚

【忌三平尾、三仄尾】指的是在一个句子的最末三个字，应尽可能避免都是平声或都是仄声。如"缘深因厚坐莲台"，若将"坐"改为"登"，就成了三平尾。又如"依法修行能入道"，若将"能"改为"可"就成了三仄尾。三平尾或三仄尾，在平仄单调上并无二致，为体现理论上的一致性，应将二者都作为禁忌，不能只忌三平尾而不忌三仄尾。

【忌孤平或孤仄】指的是在五言或六言的句子中，应尽可能避免全句只有一个平声字，或只有一个仄声字。如"万事皆如意"，若改为"万事俱如意"，即是孤平；又如"菩提当下现成"，若改为"菩提当下圆成"，即是孤仄。另外，孤平或孤仄，在平仄单调上，也没有什么不同。古今诗联作者，不管对于

中国文化遗产

孤平还是孤仄，都是能避则避。因此，将二者同时作为禁忌，不仅体现理论上的一致性，也是源于现实情况的。不过孤平或孤仄的现象，实际上只存在于五言和六言句中，因为在七言以上的句子中，如果遵守了平仄交替的基本要求，是不会出现孤平或孤仄的。

【忌同声落脚】针对上联或下联各分句句脚之间的关系而言，上下联各有二至三个分句者，要求各分句不能以相同声落脚。如前一分句以"福"尾字，后一分句应避免用"富""赋"为尾字。

上面分三个层次谈楹联作法。对仗是文字层、平仄是结构层、文意是思想层。三者是互相牵制密不可分的。我们在创作楹联的时候，首先要立意，根据内容确定形式，选择相应的最佳结构，然后按照调平仄拟定出句，再按照出句考虑对句。出句和对句的平仄对仗可反复调整，甚至可以推倒重来，重新选择最佳结构，直到满意为止。

# 五、楹联与中华文化

## （一）阴阳二元之哲学观

楹联者，对仗之文学也。这种语言文字的平行对称，与中国道教哲学中所谓"太极生两仪"，把世界万事万物分为相互对称的阴阳两性，有着莫大的渊源和一脉相承关系。中国楹联的哲学渊源及深层民族文化心理，就是阴阳二元观念。阴阳二元论，是古代中国人世界观的基础。以阴阳二元观念去把握事物，是古代中国人思维方法。这种阴阳二元的思想观念渊源甚远，《易经》中的卦象符号，即由阴阳两爻组成，《易传》谓："一阴一阳之谓道。"老子也说："万物负阴而抱阳，冲气以为和。"荀子则认为："天地合而万物生，阴阳合而变化起。"（《荀子·礼论》）《黄老帛书》则称："天地之道，有左有右，有阴有阳。"这种阴阳观念，不仅是一种抽象概念，而且广泛地浸润到古代中国人对自然界和人类社会万事万物的认识和解释中。《周易·序卦传》："有天地然后有万物，有万物然后有男女，有男女然后有夫妇，有夫妇然后有父子，有父子然后有君臣，有君臣然后有上下，有上下然后有礼仪有所措。"《易传》中，分别以各种具体事物象征阴阳二爻。阴代表坤、地、女、妇、子、臣、腹、下、北、风、水、泽、花、黑白、柔顺等；与此相对应，阳则代表乾、天、男、父、君、首、上、南、雷、火、山、果、赤黄、刚健等。正所谓"太极判以成乾坤，乾为父，坤为母，肇造乾坤祖杰；两仪分而为阴阳，阳属天，阴属地，胚胎天地元神"。这种无所不在的阴阳观念，深入到了汉民族的潜意识之中，从而成为一种民族的

中国文化遗产

集体无意识。阴阳二元观表现在中华民族共性上，重要的特征之一就是追求平衡，追求对称，以及对"成对成双"形式事物的执著和迷恋。

古时儿童发学启蒙，必读经典之一是《笠翁对韵》，从"天对地，雨对风。大陆对长空。山花对海树，赤日对苍穹"到"彩凤知音，乐典后夔须九奏；金人守口，圣如尼父亦三缄"，就是这种追求平衡、追求对称的阴阳二元哲学观，楹联艺术渗透入微的民族特性文化标本。

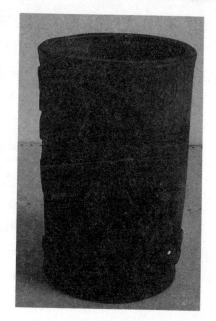

### （二）楹联与汉字

世界文学之林中，诗歌、散文、小说、戏剧，各国都有，唯独楹联非中华不能为，因为楹联是汉字文化的集中体现和智慧凝结。与楹联比较接近的是西方的两行诗（couplet）。两行诗是每节（stanza）两行的诗体，通常须押韵。然而，论起楹联中的连绵对、玻璃对、析字联、回文对等等特殊形式，若非对中华文化造诣臻于化境，对汉字形、音、义的了解出神入化，是怎么都无法真正领悟其精妙所在的。

试举杭州西湖孤山亭楹联为证："山山水水处处明明秀秀，晴晴雨雨时时好好奇奇。"试问，如何以世界上其他任何一国语言文字来表达出这种微妙的诗情画意？且不说英文"山水"Landscape 与"晴雨"Rain or shine，从字数上、音节上都无法对称一致，单是字面上的曲曲折折重重叠叠就难以做到，更何况表达出其中山明水秀、桃红柳绿的丰富内涵？

作为华夏文化符号的汉字特有的偏旁部首、单字单音节为楹联的对仗工整、平仄错落有致、入目清新雅致提供了客观的语言土壤。以方块字、单音节为特征的汉字系统兼有象形、表音、表义功能，形声兼备，内涵丰富，可以用最少文字，传递最多信息。楹联充分发挥了汉字的优点，形成了具有中国特色的楹联文学。

 中国楹联

199

一副标准的楹联最本质的灵魂乃是"对仗"。用口头表达时，它是语言对仗，书写出来时，它是文字对仗。我们定义"对仗"这一概念的字数相等、词性相对、平仄相拗、句法相同这四项中，最关键的是字数相等和平仄相合，这里的字数相等，不同于英语的"单词数"相等，其实质上是"音节"相等。即一个音节对应一个音节。在英语中，单词"car"与"jeep"在数量上是相等的，但音节不相等。而汉语的单字单音保证了这种数量与音节上的一致和对等。汉字音节、语素、文字三位一体，每个音节独立性强，都有确定的长度和音调，音调古有平、上、去、入四声，今有阳平、阴平、上声、去声四声，皆有平仄错落铿锵之美。平对仄，相拗相合，使得汉语的各字与各字之间建立起字数相等、平仄相谐的对仗关系。而英语中，即使事物的名称、概念能够相对，单词的数量和词性能够相对，两个句子的句式能够相对，但其音节长短不一，独立性弱，可自由拼读，又无声调，故无法相对。楹联大多数是写成文字，并且很多时候还要书写、悬挂或镌刻在其他建筑物或器物上。因此，楹联对仗的第二层即是所谓文字相对。文字相对意味着楹联不仅是语言艺术，又是装饰艺术。作为装饰艺术的一副楹联，要求整齐对称，给人一种和谐对称之美。汉字又恰好具备实现整齐对称的条件，它是以个体方块形式而存在的，方方正正，整整齐齐，在书写中各自占有相等的空间位置。正是这种造型上的方正典雅、齐整庄重，上下联语句的工整对仗，赋予了对联结构上的匀称美，无论横写还是竖排，都能显得疏密有致，整齐美观。

因而，只有汉语才有真正的对仗，能够产生楹联这种精巧的文学形式，而英文和其他拼音文字则不能。

### (三) 且开方寸容天地——中华艺术之集大成

中国楹联由骈文和律诗移植而来，作为从中国古典文学中脱颖而出的后起之秀，采诗词曲赋骈文之精华，穷平仄对仗虚实之变化，因其语言精炼、生动活泼而广泛流传，被称为"诗中的诗"，形成了博采众长、包罗万象的独

中国文化遗产

特体裁，继承了传统文化雅俗共赏、优美灵动的基因，可谓中华瑰宝，国学明珠。

而所谓"楹联"，就是贴在楹柱上的联句，从被后蜀君主——书法家孟昶首开先河之日起，就与书法有着天然的联系。一副佳联必须借助于书家之笔，在观感上方能引人入胜，流传千古；而一个书法大家需要摹景状情、言志抒怀时，最好的载体也莫过于楹联了。这种楹联艺术，侧重文学创作与书法艺术的完美结合，即用书法把如诗词般典丽雅致的句子书写出来，有时也将雕刻艺术融合进来，即把书写好的联句雕刻在石质和木质的楹柱上，形成石刻或木刻的楹联。如清代书法篆刻家邓石如隶书联："沧海日，赤城霞，峨嵋雪，巫峡云，洞庭月，彭蠡烟，潇湘雨，武彝峰，庐山瀑布，合宇宙奇观，绘吾斋壁；少陵诗，摩诘画，左传文，马迁史，薛涛笺，右军贴，南华经，相如赋，屈子离骚，收古今绝艺，置我山窗。"以邓氏劲健峭拔、古朴超逸、别具风神的隶书来表现，倍感魅力无穷。

中国的建筑艺术注重对称，追求和谐、画龙点睛，从外在上讲，楹联正是一种美化和修饰的艺术，因此被广泛地运用在宫殿、园林、厅堂等建筑物上，正如我们如今在全国各地旅游景点所见：每一棵历尽沧桑的树木，每一片饱经风霜的砖瓦，仿佛都向我们展示着过往的历史和风流。而镌刻廊柱、门厅之上含意隽永、韵味悠长的楹联，更是给人以不尽的感怀与回味；从内在讲，楹联在庙宇高堂、园林景观中的广泛应用，似乎也已经成为中国传统建筑不可或缺的一部分。从楹联渲染景物、启迪情思的内容主题中，我们也可以从侧面考察一个时期一个地区的审美角度和审美方式，了解不同时期中国建筑的审美取向，感受中国传统文化和儒家思想的独特魅力。言辞优美、寓意深远的楹联往往和精美的建筑相得益彰。

除此之外，楹联还从历史、政治、经济、哲学、造型等诸学科，汲取多种文化的精粹和养料，成长为艺苑中的一枝奇葩。相比中国文化史上的其他艺术形式，它具有广泛的适应性和实用性，不随历史的兴衰而湮没，不因时代的发展而停滞，从单一的门类——春联，发展成一种综合文化，从王侯将相流传到贩夫走卒，从宫廷苑囿延伸至街头巷尾。且开方寸容天地，何待千秋费评议。中国楹联，不愧是历史长河中最为圆融坚韧、历久弥新的中华民俗瑰宝。